Lerngruppen unterschiedlichster Art entfalten immer eine Eigendynamik und stellen Trainer, Vortragende, Lehrer usw. mitunter vor scheinbar unlösbare Probleme. Seminarleiter sollten nicht gegen diese Krisen anarbeiten, sondern Stolpersteine nutzen, um Seminare lebendiger und lehrreicher zu gestalten. Für dieses Erste-Hilfe-Buch haben die Autorinnen Erfahrungen von 25 Trainern in problematischen Seminarsituationen zusammengetragen. Aus der Fülle von Reaktionen, Bewältigungsstrategien oder Verhaltensweisen destilliert dieses Beratungsbuch praxis- und realitätsnahe Empfehlungen für typische Problemsituationen.

Marion Bönsch, Kathrin Zach

Seminarkrisen meistern

Erste Hilfe für Trainer, Lehrer, Vortragende

Rowohlt Taschenbuch Verlag

MITEINANDER REDEN: Praxis

Herausgegeben von
**Friedemann
Schulz von Thun**

Veröffentlicht im Rowohlt Taschenbuch Verlag,
Reinbek bei Hamburg, Oktober 2006
Copyright © 2006 by Rowohlt Verlag GmbH,
Reinbek bei Hamburg
2003 erschien das Buch
unter dem Titel «Stolpersteine meistern»
im Windmühle GmbH Verlag, Hamburg
Umschlaggestaltung any.way, Walter Hellmann
Satz Plantin PostScript, InDesign,
bei KCS GmbH, Buchholz bei Hamburg
Druck und Bindung C. H. Beck
Printed in Germany
ISBN 13: 978 3 499 62163 5
ISBN 10: 3 499 62163 0

Inhaltsverzeichnis

1. Vorwort des Herausgebers 7

2. Einleitung 13

3. Der dominante Globe 23
3.1. Kontext: Unternehmensfusion 24
3.2. Firmenkontext vernachlässigt: Der Globe rächt sich ... 34
3.3. Schwieriger Kontext für den Trainer 43

4. Der schwierige Teilnehmer 49
4.1. Die Seminarleitung testen 51
4.2. Abwertung – Antipathie 67
4.3. Lähmende Führungskräfte oder: Wenn der schwierige Teilnehmer eine
     Führungskraft ist ... 79
4.4. Außenseiter 86

5. Die schwierige Teilnehmergruppe 95
5.1. Fundamentalkritik 96
5.2. Passive Gruppe 104
5.3. Konträre Erwartungshaltungen 112
5.4. Tränen im Seminar – die hilflose Gruppe 121

6. Teilnehmer gegen Teilnehmer 131
6.1. Konflikte zwischen einzelnen Teilnehmern 132
6.2. Lagerbildung 145

7. Teilnehmer contra Thema 153
7.1. Thema verfehlt 155
7.2. Das ist mir zu persönlich 167

8. Schwierigkeiten mit dem «Ko» 177

8.1. Konkurrenz mit dem «Ko» 179

8.2. Teilnehmer lehnen einen der Trainer ab – Leiten neben der Nr. 1 187

9. Schwierigkeiten im Trainer 195

9.1. Hochwertige Personalmeldung – kompetenter Teilnehmer 196

9.2. Die eigenen Ansprüche als Problemverursacher 202

10. Basiskompetenzen für schwierige Situationen 207

10.1. Die Wahrheit der Situation benennen 208

10.2. Selektive Authentizität berücksichtigen 213

10.3. Die Definitionsfreiheit des Trainers nutzen 217

10.4. Verantwortung teilen 222

10.5. Struktur und Flexibilität zulassen 224

10.6. Das eigene Trainer-Selbstverständnis kennen 227

10.7. Aktiv zuhören 229

10.8. Stellung beziehen 231

10.9. Supervision und Selbsterfahrung nicht vergessen 234

10.10. Arbeitsfähigkeit erhalten 236

10.11. Umgang mit dem «Schreck» 238

11. Glossar 241

12. Literatur 245

Danksagung 251

Zu den Autorinnen 253

1. Vorwort des Herausgebers

Mit den 70er Jahren waren sie plötzlich da – die Kommunikations- und Verhaltenstrainings. Der Begriff «Training» handelte zwar auch von Bildungsprozessen, aber in ihm war keine Spur mehr von ödem Lehrplan, monotonem Unterricht, muffiger Erwachsenenbildung oder fader Verkaufsschulung. Bei ihm dachte niemand an Pauker, widerborstige Schüler, unbewegliche Professoren oder desinteressierte Außendienstmitarbeiter.

Mit «Training» waren nicht nur Vorstellungen von quasi-sportlichen Höchstleistungen verbunden. Es ging auch um attraktive Teilnehmer: z. B. Angestellte und Führungskräfte, Freiberufler und Gewerkschafter, Lehrer und Ärzte, die hoch motiviert danach drängten, sich selbst in der Gruppe kennen zu lernen und partnerschaftliche bzw. kommunikative Kompetenzen zu erlernen.

Zu diesen Vorstellungen gehörte eine aufregende Gruppendynamik sowie ein professionell und zugleich wohnlich gestaltetes Lernsetting, in dem relevante Themen lebendig, d. h. spannend, praxisrelevant und teilnehmeraktivierend vermittelt wurden.

In der Trainingsszene wurde gerne von «tollen Gruppen», die «voll mitgehen», in denen «wirklich was passiert», und von «ungeplanten, aber extrem fruchtbaren Gruppenprozessen» berichtet. Sie bildeten den Stoff, aus dem der Mythos vom spontanen und spannenden Berufsleben war, in dem die Teilnehmer aktiv beteiligt sind und der Trainer immer im Mittelpunkt des Geschehens und des Interesses steht.

Überhaupt: Der «Trainer» war in diesem Setting eine bewundernswerte Mischung aus forderndem Verständnis, erfahrener Jugendlichkeit, wissensfundierter Neugier, spontaner

Methodik und nicht zuletzt ziemlich gut bezahlt! Und unter den männlichen Artgenossen dieser Berufsgruppe wurde gelegentlich neid- und hoffnungsvoll zugleich berichtet, dass man zu attraktiven Teilnehmerinnen vergleichsweise mühelos in intensiven Kontakt kommen kann.

Kurz: «Training», das war – auch wenn man es nicht laut sagen mochte – Entertainment mit Tiefgang. Ein solches Trainerdasein musste also eine wahre Lust sein! Wer wollte da nicht Kommunikationstrainer werden!

Das waren die Wunschvorstellungen, solange man noch nicht im Trainingsbetrieb steckte, und auch die Wirklichkeit des später praktizierten Trainings schien – im Vergleich zum Schulunterricht, Vorlesungsbetrieb oder zur Erwachsenenbildung – gar nicht so weit von diesem Ideal entfernt: Ohne den Druck vorgegebener Lehrpläne und unter der Maxime, sich den Themen aus dem Lebens- und Berufsalltag der Teilnehmer zu stellen, sie dort abzuholen, wo sie stehen, sie zu beteiligen und ihre Ressourcen zu aktivieren, war es vergleichsweise einfach, in diese neue Trainerrolle zu schlüpfen und sie zu genießen. Man benötigte dann nur noch eine entsprechende Erweiterung des Methodenrepertoires – etwa durch Rollenspiel, Kleingruppenarbeit, Visualisierung und gruppendynamische Übungen.

Aber es gab da noch eine andere Seite. Irgendwie wurde man in dem Maße dünnhäutiger, in dem man das regelmäßige Auftreten von Seminarkrisen wie Konflikten, Desinteresse oder Kritik nicht mehr durch mangelnde Erfahrung erklären konnte.

Trotz einiger Erfolgserlebnisse halten sich nun, nach langen Jahren, immer noch hartnäckig einige vermeintliche Anfängersymptome: die Nervosität am Vorabend des Seminarbeginns, der schlechte Schlaf und das diffuse Gefühl, es könnten doch noch Albträume mit Titeln wie «Thema verfehlt!», «Die zerstrittene Gruppe», «Große Blamage» oder «Blackout vor aller Augen» wahr werden.

Solche Katastrophenphantasien werden ungewollt auch durch Erzählungen geschürt – gern nach dem Muster: «Schaut mal, selbst ich, ein mit allen Wassern gewaschener Trainer, erlebe noch solche schaurig-schönen Situationen!» Geschichten, die sich einerseits zur Pflege des Mythos vom aufregenden Trainerdasein verbreiten, erzeugen andererseits auch immer die unterschwellige Furcht vor unvorhersehbaren, schmerzlichen und der eigenen Kontrolle entzogenen Erlebnissen.

«Auch wenn du bisher von solchen Seminarkrisen verschont geblieben sein solltest», so sagt einem diese Furcht, «sie erwischen jeden.» Und damit hat sie Recht. Das Geschehen in offen lernenden Gruppen mit hoher Teilnehmeraktivierung enthält naturgemäß unberechenbare Anteile. Ein Trainerleben ohne Seminarkrisen der Kritik, des Konfliktes und des gelegentlichen Kontrollverlustes ist schwer vorstellbar (und wohl auch gar nicht wünschenswert). So fordert das unausgesprochene Motto vom «Entertainment mit Tiefgang» seinen Tribut.

Nun – wenn denn diese bedrohlichen Seminarkrisen unabänderlich zum spannenden Trainerleben gehören, sollte man auf sie wenigstens vorbereitet werden. Inhaltlich wäre man besser vorbereitet, wenn man im Training deutlich merken würde, auf welche «Krise» man sich gerade zubewegt. Dadurch wäre das Diffuse am Bedrohlichen besser greifbar.

Seelisch wäre man vorbereitet, wenn man gelegentlich auch ganz konkret mehr darüber hören könnte, wie andere Trainerinnen und Trainer schmerzliche Erfahrungen offen und ehrlich darstellen und fruchtbar bearbeiten. Durch die heilsame Wirkung des gemeinsamen Leidens könnte dann der Angstpegel sinken und sich das Kontrollgefühl wieder einstellen. Die Unberechenbarkeit des Trainingsgeschehens wäre dadurch zwar nicht aus der Welt, aber doch erwartet und damit erträglich.

Bei dieser Vorbereitung hilft das vorliegende Buch von Kathrin Zach und Marion Bönsch. Es packt den wilden Stier der Katastrophenphantasien gewissermaßen bei den Hörnern und schaut ihm fest in die Augen. Er verschwindet dann zwar nicht, aber man merkt, dass er gar nicht so wild ist und durchaus bereit, wieder ruhig zu werden, wenn man sich Zeit nimmt und geduldig mit ihm ist.

Das Buch beruht auf fast hundert Geschichten über schwierige Situationen, die viele verschiedene Trainerinnen und Trainer berichtet haben. Diese schwierigen Situationen sind hier didaktisch aufbereitet und mit Titeln wie die oben genannten Albträume versehen: «Fundamentalkritik», «Lagerbildung», «Tränen im Seminar» oder «Drama in der Abschlussrunde».

Die Autorinnen haben nach einer sorgfältigen Analyse dieser Berichte der Vielfalt möglicher Schwierigkeiten eine Ordnung gegeben – die «Pyramide der Einflussgrößen». Mit ihr lässt sich jede beliebige Schwierigkeit identifizieren. Für den praktischen Umgang mit den identifizierten Seminarkrisen liefern sie dann auch praktische Perspektiven – unter der Überschrift: «So kann man's auch machen!». Dabei geht es genauso um den inneren Umgang mit schwierigen Situationen wie um den äußeren.

Für jede Krisensituation gibt es verschiedene Bewältigungsmöglichkeiten. Damit kann jede Leserin und jeder Leser etwas finden, was gut zur eigenen Person passt. Und vielleicht werden sie durch die Beispiele angeregt, auch selbst etwas Neues zu erfinden.

Meine Hoffnung ist, dass dieses Buch dazu beiträgt, den – zugegebenermaßen plakativ skizzierten – Mythos vom aufregenden Trainingsalltag etwas zu entzaubern, ohne ihm den Reiz zu nehmen.

Alexander Redlich
im Oktober 2006

Man kann den Wind nicht aufhalten, aber man kann Segel setzen. *(Seneca)*

Wie alles begann ...

Stellen Sie sich vor: Sie sind Kommunikationstrainer und geben gerade ein zweitägiges Kommunikationstraining für Führungsnachwuchskräfte. Vor 10 Minuten haben Sie eine Kleingruppenübung angeleitet, sie soll insgesamt 30 Min. dauern. Um eine Unterlage für die Teilnehmer zu kopieren, haben Sie kurz den Raum verlassen. Als Sie diesen nach 10 Min. wieder betreten, sitzen 6 der 12 Teilnehmer in einer Reihe und lesen Zeitung ...

Diese und andere Situationen beschäftigen Trainer mit unterschiedlichstem Aufgabengebiet und in verschiedenen Arbeitskontexten immer wieder. Gibt es übergreifende «Überlebenstaktiken» oder Methoden, die jeder Trainer parat haben sollte, um für schwierige Situationen gewappnet zu sein? Was zeichnet den erfolgreichen Umgang mit schwierigen Situationen in Seminaren, Moderationen, Workshops etc. aus?

Um dieser Fragestellung auf den Grund zu gehen, führten wir (im Rahmen unserer Diplomarbeit 1998) 25 qualitative Interviews durch, in denen uns sowohl junge wie auch erfahrene Trainer ihre Erlebnisse schilderten. Der Beschreibung der schwierigen Situationen folgte eine Reflexion, und häufig konnten die Befragten auch schon von Handlungsalternativen und Lernerfolgen berichten.

Von Alexander Redlich motiviert und begleitet, entstand die Idee, die gesammelten Tipps, Tricks und Handlungsalternativen auch anderen Trainern zur Verfügung zu stellen, um diese für schwierige Situationen besser zu wappnen. So haben wir uns einige Jahre später noch einmal an die Arbeit gemacht: Wir haben die Inhalte überarbeitet, einen Workshop über «schwierige Seminarsituationen» mit Trainern und Studierenden durchgeführt und vor allen Dingen unsere eigenen Erfahrungen (sowohl als freie Trainerin wie auch als interne Personalentwicklerin und Prozessbegleiterin) mit einbezogen.

Die hier aufgenommenen Situationen entsprechen im Großen und Ganzen nach wie vor denen, die wir im Rahmen unserer Diplomarbeit erhoben haben. Die Situationsbeschreibungen und Handlungsalternativen sind jedoch inzwischen den Interviews nur noch entlehnt und, um den Lerneffekt zu vergrößern, z. T. stark verändert und um weitere Aspekte angereichert. Namen und (firmenspezifische) Kontexte haben wir dabei so weit verändert, dass in jedem Fall Anonymität gewährleistet ist.

Kommen wir jetzt aber noch einmal auf unser Eingangbeispiel zurück. Wie reagiert nun der Trainer in der oben beschriebenen Situation?

Er spricht die Teilnehmer direkt an: «So, meine Herren, jetzt möchte ich Sie bitten, die Zeitungen wegzulegen. Normalerweise dauert diese Übung viel länger, ich habe sie aus Zeitgründen bereits gekürzt. Daher bin ich erstaunt, dass Sie so schnell fertig geworden sind. Bevor wir inhaltlich weitermachen, nutze ich die Gelegenheit, nochmal auf nonverbale Kommunikation zu sprechen zu kommen. Auch nonverbale Kommunikation enthält mehrere Aspekte, und ich möchte Ihnen mal sagen, was bei mir angekommen ist, als ich in den Raum kam und Sie habe Zeitung lesen sehen. Auf der Sachebene: ‹Das ist alles sehr einfach und banal, dafür ist die Zeit viel zu lang.› Auf der Selbstkundgabeseite: ‹Ich langweile mich!›

Auf der Beziehungs- und Appell-Ebene: ‹Was Sie hier machen, taugt nicht viel, das ist viel zu simpel. Nun drücken Sie mal auf die Tube!› – Was sagen Sie dazu?» Die Teilnehmer erklären daraufhin, dass sich von ihrer Seite aus keine weiteren Botschaften hinter dem Zeitungslesen verbergen, und arbeiten anschließend wieder konstruktiv mit.

Die Bedeutung einer wertegeleiteten Grundhaltung

Dieses Trainerhandbuch ermöglicht dem Leser, anderen Trainern bei ihrer Arbeit über die Schulter zu schauen und mit ihnen schwierige Situationen zu erleben, zu bewältigen und zu reflektieren. Zahlreiche Situationen und Erlebnisse aus dem Trainingsalltag bilden hierfür die Grundlage. Der daraus resultierende Gewinn ist nicht der wortgetreue richtige Satz an passender Stelle: Wie «man nicht zweimal in denselben Fluss steigen kann» (Heraklit), hat es auch keinen Sinn, ein Standardrepertoire für schwierige Situationen abzuspulen. Im Vordergrund stehen vielmehr das Aufzeigen einer Handlungsvielfalt und die zugrunde liegende Haltung. Dementsprechend stellen wir nicht die einzig richtige Verhaltensweise vor, sondern beschreiben viele verschiedene Möglichkeiten, wohlwissend, dass viele Wege nach Rom führen, einige aber auch nicht! Gut also, wenn man mehrere Wege kennt und flexibel einschlagen kann.

Bei allen vorgestellten Situationen handelt es sich also um typische Seminarsituationen, die sowohl gewiefte Trainer als auch Anfänger erlebten. Der Schwerpunkt liegt dabei auf Kommunikationstrainings, weniger auf Fachtrainings.

Zahlreiche Erfahrungen und Ideen vieler verschiedener

Trainer stehen im Mittelpunkt dieses Buches. Gerade die Bandbreite an Handlungsalternativen soll ermöglichen, das eigene Verhaltensspektrum zu erweitern und so zu mehr Souveränität im Umgang mit schwierigen Situationen zu gelangen. Den richtigen Satz an passender Stelle erkennt man – wenn überhaupt – sowieso erst im Nachhinein. Die Grundhaltung jedoch scheint immer durch und prägt das Verhalten. So spiegelt sich auch unsere Haltung und die der beschriebenen Trainer in diesem Buch wider.

Wie sieht sie aus, unsere Grundhaltung? Sie wird bereits dadurch deutlich, dass wir von linearen (Manipulations-) Strategien abraten und eine Ergebnisoffenheit für wichtig halten. Jede Situation hat – auch wenn sie einem Situationstypus zuzuordnen ist – ihren spezifischen Charakter, und jeder Trainer leitet eine Gruppe nach seiner individuellen Art. Die richtige Reaktion des Trainers muss daher einerseits situationsangemessen, andererseits auch authentisch* sein und dem Trainer entsprechen. Die dargestellten Handlungsalternativen sind demnach als Anregung zu verstehen, deren Umsetzung von der Persönlichkeit des Trainers und den Besonderheiten der Situation abhängig ist.

● Spezielle Begriffe oder Methoden sind mit einem * gekennzeichnet, sie werden im Glossar genauer erläutert.

Ein weiterer wichtiger Aspekt unserer Grundhaltung ist unser Verständnis von Professionalität. Neben fachlicher Kompetenz und rollenangemessenem Verhalten beinhaltet Professionalität auch Menschlichkeit. Das wiederum bedeutet, sich der eigenen Emotionen bewusst zu sein, sie ausdrücken zu können und sich eine Fehlerfreundlichkeit, sowohl bei sich selbst als auch bei anderen, zu bewahren: Fehler also nicht ausschließlich als Versagen zu bewerten, sondern sie sich und anderen einzugestehen und als Lernchance zu begreifen und zu nutzen.

Ein Modell, das hinter vielen Handlungsalternativen steht und ebenfalls maßgeblich unsere Einstellung und Bewertung beeinflusst, ist das Werte- und Entwicklungsquadrat. Der Grundgedanke des Wertequadrates besagt, dass jedes Handeln und jeder Wert nur dann konstruktiven Einfluss haben, wenn er in Balance zu einem positiven Gegenwert gehalten wird. So sinnvoll und erstrebenswert z. B. eine akzeptierende und wertschätzende Haltung auch ist, ohne die ausgleichende Fähigkeit zur Konfrontation verkommt sie zur «nichts sagenden Nettigkeit». Das Gleiche gilt in umgekehrter Weise. Konfrontatives Verhalten kann nur dann konstruktiv wirken, wenn daneben die Fähigkeit zur Akzeptanz besteht. Ohne diesen ausgleichenden Gegenpol besteht die Gefahr, dass Konfrontation übertrieben wird und zu einer «destruktiven Aggression» verkommt.

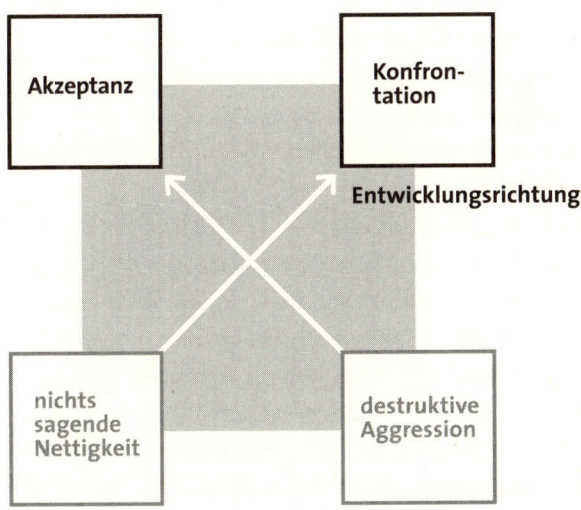

Abb. 1: Werte- und Entwicklungsquadrat (nach Helwig/Schulz von Thun)

Aus diesem Modell lassen sich entsprechende Entwicklungsrichtungen ableiten. Neigt eine Person zur «nichts sagenden Nettigkeit», so ist die positive Fähigkeit, die in diesem übertriebenen Verhalten steckt, die akzeptierende Haltung. Davon zeigt derjenige jedoch bereits zu viel des Guten. Dementsprechend verläuft die Entwicklungsrichtung diagonal zum konfrontativen Verhalten.

Diese kurze Einführung soll ausreichen, um mit dem Grundgedanken vertraut zu machen. Der interessierte Leser findet mehr zu diesem Modell in Schulz von Thun, Miteinander reden 2 (1989).

Aufbau des Buches: Lokalisation von «schwierigen Situationen»

Dieses Buch handelt von schwierigen Situationen und ihrer Bewältigung im Traineralltag. Wie lassen sich schwierige Situationen identifizieren und effizient erkennen? Wer die Schwierigkeit in einer Situation rasch lokalisieren kann, wird sie auch bewältigen können.

Zur besseren Orientierung sind die verschiedenen Beispielsituationen sieben übergreifenden Situationstypen zugeordnet. Diese bilden die zentralen Kapitel des Buches und enthalten untergeordnete Kategorien. So enthält das Kapitel «Schwierigkeiten zwischen Teilnehmern» die Kategorien «Konflikte zwischen einzelnen Teilnehmern» und «Lagerbildung». Jede Kategorie startet mit der Beschreibung einer Beispielsituation. Danach folgt eine Reflexion aus Trainersicht, anschließend werden unterschiedliche Handlungsalternativen vorgestellt. Diese beziehen sich zum Teil auf die Beispielsituation und zum Teil auf andere vergleichbare Situationen. Den Abschluss einer jeden Kategorie bildet eine Checkliste, in der Fragen aufgeführt sind, deren Beantwortung in ähnlichen schwierigen Situationen hilfreich sein kann.

In dem letzten Kapitel – Basiskompetenzen für schwierige Situationen – greifen wir noch einmal Verhaltensweisen auf, die sich situationsübergreifend in heiklen Seminarsituationen bewährt haben.

Um die verschiedenen Situationstypen einordnen und veranschaulichen zu können, haben wir die «Pyramide der Einflussgrößen» entwickelt. Dabei sind wir von dem Dreieck aus der Themenzentrierten Interaktion* ausgegangen (Abb. 2).

Im TZI-Dreieck werden die drei Einflussgrößen: Ich (die einzelne Person), Wir (die Gruppe) und Es (das Thema) als Eckpunkte eines Dreiecks dargestellt. Die Umgebung (Zeit, Ort, historische, soziale und politische Begebenheiten), welche die Gruppe zusätzlich beeinflusst, ist durch einen Kreis abgebildet und umschließt das Dreieck. Sie wird als Globe bezeichnet.

Als diagnostisches Instrument betrachtet, kann dieses Modell Hinweise auf Ursachen und auf die Lokalisierung von Störungen in einer Gruppe geben. Dabei gilt es, das Übergewicht von einem oder zwei Punkten wahrzunehmen und – durch ein Hinlenken auf den «untergewichteten» Aspekt – auszubalancieren.

Für die Arbeit mit Gruppen hat sich die TZI als hilfreiche Grundlage etabliert. Im Hinblick auf eine differenzierte Darstellung der Situationstypen nehmen wir Gedanken der TZI allerdings nur partiell auf. In dem TZI-Dreieck sind der Trainer sowie der einzelne Teilnehmer in der «Ich-Ecke» vertreten; in dem «Wir» findet sich die Gruppe der Teilnehmer, inklusive der Leitung, mitsamt ihren Beziehungen wieder. Um Schwierigkeiten in Situationen deutlich lokalisieren zu können, ist die Unterscheidung zwischen Trainer und Teilnehmer jedoch wichtig. Daher ist in der Pyramide der Einflussgrößen der Trainer sowohl aus der «Ich-Ecke» als auch aus der «Wir-Ecke» herausgelöst und in der «Trainer-Ecke» separat abgebildet. Zudem wird der Ko-Trainer als weitere Einflussgröße differenziert und gesondert von dem Trainer und den Teilnehmern dargestellt. Dementsprechend wurde die ursprüngliche «Ich-Ecke» zur Ecke des «einzelnen Teilnehmers» reduziert und das «Wir» auf die «Teilnehmergruppe» beschränkt. (Das «Wir» im Sinne der TZI findet sich nun in der Grundfläche der Pyramide wieder.)

An diesem Modell lässt sich kennzeichnen und nachvollziehen, auf welcher bzw. auf welchen Seiten die Schwierigkeit einer Situation liegt und ob der Globe an ihrer Entstehung beteiligt ist. Dieses Modell verwenden wir im Folgenden zur Gliederung der Kapitel und Situationstypen.

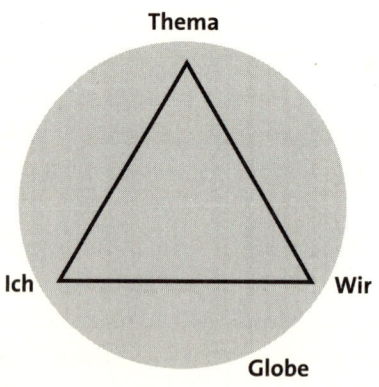

Abb. 2: Das TZI-Dreieck (R. Cohn, 1975)

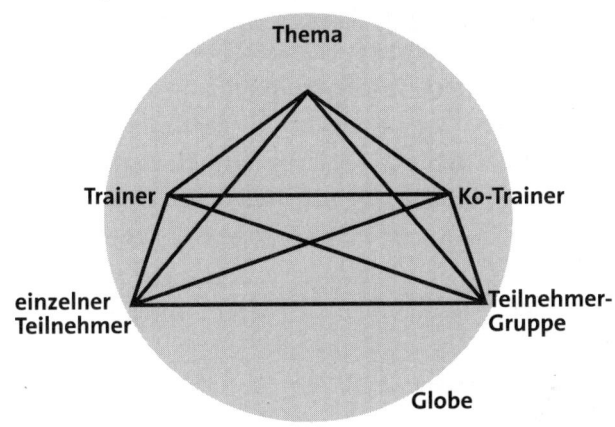

Abb. 3: Pyramide der Einflussgrößen (M. Bönsch, K. Poplutz, heute Zach), 1998)

Der Aufbau des Buches ermöglicht, je nach Interesse oder aktuellem Anlass in einzelnen Kapiteln zu schmökern oder gezielt nach Anregungen zu suchen. Die sieben Situationstypen dienen in erster Linie der besseren Orientierung. In ihrer Unterscheidung sind sie jedoch nicht immer trennscharf. So gibt es durchaus vergleichbare Begebenheiten, z. B. in den Kapiteln «Schwierige Teilnehmergruppe» und «Der schwierige Teilnehmer». Auch kann es kapitelübergreifend vorkommen, dass sich Handlungsalternativen ähneln. Dies liegt in der Natur der Dinge. Bestimmte Verhaltensweisen können in unterschiedlichen Situationen sinnvoll sein. Aufgrund des Handbuch-Charakters haben wir uns entschieden, auch dann nicht auf gewinnbringende Handlungsmöglichkeiten zu verzichten, wenn sie an anderer Stelle schon beschrieben werden. Bei großer Ähnlichkeit sind sie jedoch knapp gehalten.

In den Situationsbeschreibungen laden wir Sie hin und wieder ein, kurz innezuhalten und sich zu überlegen, wie Sie sich in der konkreten Situation verhalten würden. Diese Anregungen zur Reflexion sind in der Tat als Einladung zu verstehen. Nutzen Sie das Angebot und entwickeln Sie gedanklich eine Reaktion. Oder übergehen Sie das Angebot und lesen einfach weiter, wenn Sie von «Mitmach-Animationen» die Nase voll haben und Ihnen die Zuschauer-Perspektive das Erwünschte bietet.

Wir wünschen viel Spaß beim Lesen und viele interessante Anregungen!

Übrigens: Wann immer vom Trainer, Leiter, Moderator etc. die Rede ist, sind Männer und Frauen gleichermaßen gemeint, zur besseren Lesbarkeit benutzen wir überwiegend die männliche Form.

Marion Bönsch und Kathrin Zach

3. Der dominante Globe

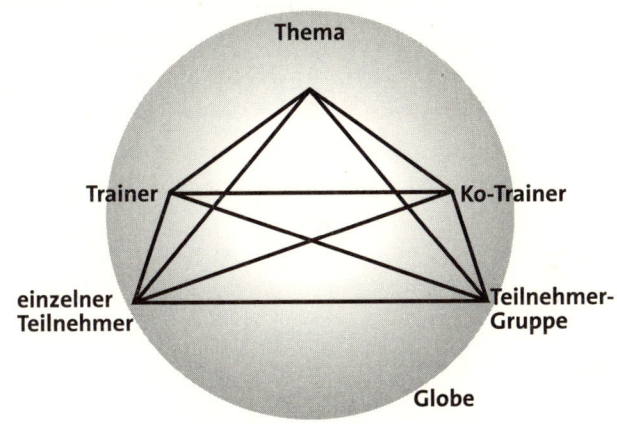

Stellen Sie sich vor, es wäre der 12. September 2001, und Sie halten ein Seminar zum Thema «Arbeitszeitregelungen» ... Sie werden schnell feststellen, dass nichts richtig läuft.

Ruth Cohn beschreibt eine ähnliche Problematik in ihrem Buch «Von der Psychoanalyse zur themenzentrierten Interaktion» (1975). Einen Tag nach der Ermordung Präsident Kennedys sollte sie einen Workshop für Psychotherapeuten leiten. Die Übermacht, die der Globe*, also der globale Kontext, in dem der Workshop stattfand, in diesem Falle hatte, beeinflusste sowohl den Inhalt als auch den Verlauf des Workshops. Da der Globe so dominant war, dass er die Teilnehmer und die Leiterin mehr beschäftigte als das Workshop-Thema «Die Schulung der emotionalen Fähigkeiten und Fertigkeiten des Psychotherapeuten», entschloss sich Ruth Cohn, ihn zum Thema zu machen und später anhand dessen den Bezug zu den emotionalen Fähigkeiten der Therapeuten herzustellen.

Natürlich hat der Globe nicht immer einen so dramatischen

und für alle ersichtlichen Einfluss auf das Seminargeschehen. Viele Trainer berichten von Schwierigkeiten, die z. B. durch die aktuelle Marktlage oder Unternehmenssituation bedingt sind, d. h. durch den äußeren Kontext. Wir unterscheiden also zwei verschiedene Situationsarten. Bei der einen ist der Globe (wie in diesem Beispiel von Ruth Cohn) so übermächtig, dass er zum Thema des Seminars wird. In den anderen Situationen ist der Kontext in erster Linie für den Trainer, nicht aber für die Teilnehmer schwierig.

■ 3.1 Kontext: Unternehmensfusion

Es wurde deutlich, dass der Firmenkontext und somit der Globe, der die Teilnehmer insbesondere bei Inhouse-Seminaren stark beeinflusst, häufig von entscheidender Bedeutung für den Verlauf und den Erfolg einer Veranstaltung ist. Dass die meist implizite Firmen- und Führungskultur explizit zum Thema gemacht wird, ist dann wahrscheinlich, wenn sich das Unternehmen und damit auch die Seminarteilnehmer in einer Umbruchsituation befinden. In diesem Fall bekommen sonst eher selten thematisierte Aspekte der Unternehmenskultur – wie z. B. Werte und Grundsätze, nach denen Potenzialträger im Unternehmen gefördert werden (u. a.: Jahre der Unternehmenszugehörigkeit versus Kompetenz; Geschlecht/Alter versus Qualität der Ergebnisse) – eine größere Bedeutung, da auf sie bisher wie selbstverständlich zurückgegriffen wurde.

In einer Umbruchsituation werden jedoch solch selbstverständliche Grundsätze und Entscheidungshilfen zunehmend infrage gestellt. Die Lage spitzt sich in Bezug auf diese Aspekte gerade beim Zusammenschluss zweier Unternehmen noch stärker zu. Ob es sich um eine Firmenübernahme, eine Fusion oder ein Joint Venture handelt, allgemein bekannt ist inzwischen, dass das Zusammenpassen und Zusammenwachsen der Unternehmenskulturen häufig das unterbewertete Zünglein an der Waage sind. Sie geben den Ausschlag dafür, ob der Zusammenschluss den gewünschten finanziellen Erfolg mit sich bringt, und die gute Zusammenarbeit der neuen Mitarbeiterschaft nach der Zusammenführung ist ein kritischer Erfolgsfaktor bei Fusionen.

Gerade dieser Kontext ist für einen externen Trainer von elementarer Bedeutung. Und in den seltensten Fällen herrscht nach außen Transparenz, sodass sich der Trainer auf die Problematik meist nicht gut einstellen kann.

Hier ein Beispiel:

Das depressive Tal

Das dreitägige Führungsnachwuchs-Seminar wird von zwei externen Trainern – Christiane Frenkel und Heinz Speyer – in einem nationalen Industrieunternehmen, das vor einem Zusammenschluss mit einem Global Player steht, durchgeführt. Die Abteilungsleiter des Unternehmens haben die Teilnehmer als potenzielle Führungskräfte für das Seminar vorgeschlagen. Ziel des Seminars ist die Identifikation von Stärken, Schwächen und Entwicklungsmöglichkeiten der Teilnehmer sowie die kritische Reflexion der Zukunftsaussichten im weiteren Verlauf ihrer Karriere.

Als die Teilnehmer am Ende des zweiten Tages mit der Bearbeitung der Fragen «Wie konkret sind meine Entwicklungsmöglichkeiten? Mit wem habe ich bereits über meine weitere Entwicklung gesprochen? Wie sieht meine angestrebte und wie sieht meine aktuelle Situation aus?» beschäftigt sind, wird ihnen zunehmend klarer, dass die aktuelle Unternehmenssituation ihrer

individuellen Entwicklung eher im Weg steht, als dass sie sie fördert. Herr Michelsen fasst in der anschließenden Runde seine und
die Gedanken der anderen Teilnehmer in Worte: «Die meisten von
uns können in diesem Unternehmen doch gar keine Karriere mehr
machen! So, wie es im Moment aussieht, bleiben wir alle bis auf
weiteres sowieso Sachbearbeiter oder Gruppenleiter! Die Stellen-
situation ist massiv dadurch beeinträchtigt, dass unser Unternehmen direkt vor der Fusion mit der Firma Take Over – einem anderen großen Industrieunternehmen der gleichen Branche – steht.
Wenn man die anstehenden Rationalisierungen bedenkt, ist klar,
dass die Anzahl der freien (Führungs-)Positionen ohnehin stark
begrenzt ist.» Frau Ströbel ergänzt: «Und außerdem wissen wir
doch alle, dass es sich bei Take Over um das größere der beiden
Unternehmen handelt! Und machen wir uns nichts vor: Die interessanten Positionen werden dann sowieso von deren Nachwuchskräften übernommen.» «Das stimmt, zumal Take Over ja auch für
die Förderung seiner jungen Potenziale bekannt ist. Da ist es nicht
so wie bei uns, dass man erst 40 Jahre alt sein und sich hochge-
dient haben muss! Wenn die Leute von Take Over erst mal in den
Chefsesseln sitzen, haben wir nicht mal mit Hilfe von Pensionie-
rungen oder Altersteilzeit die Chance auf eine Führungsposition!», ergänzt Herr Moller.

Wie würden Sie – in der Rolle der Seminarleitung – jetzt reagieren?

Herr Speyer setzt die Runde fort und versucht, mit Hilfe des Stim-
mungsbildes eine Idee für das weitere Vorgehen zu entwickeln. Es
häufen sich jedoch die Einwände der Teilnehmer, dass die weitere
Bearbeitung des inhaltlichen Themas am nächsten Tag ohnehin
keinen Sinn mehr hat, da die Teilnehmer in ihrem Unternehmen
keine Chance mehr sehen, eine Führungsposition zu übernehmen.

Die Energie der Gruppe sinkt genauso wie die Kreativität von Herrn Speyer. Ihm geht durch den Kopf: «Ich habe keine Idee mehr, wie ich diese depressive Stimmung im Seminar auffangen kann. Das ist wirklich aussichtslos.» Herr Speyer stimmt sich mit seiner Ko-Leiterin ab und ist sehr erleichtert, dass Frau Frenkel bereit ist, die Abschlusseinheit anzuleiten. Am Ende der Runde schlägt Frau Frenkel den Teilnehmern vor: «Nutzen Sie die letzte halbe Stunde, um gemeinsam mit einer Person Ihrer Wahl einen Spaziergang zum Abschluss dieses Tages zu machen. Lassen Sie die neuen Erkenntnisse gemeinsam Revue passieren. Vielleicht reflektieren Sie gemeinsam die Situation in Ihrem Unternehmen, vielleicht entwickeln Sie auch bereits Ideen, wie und was Sie an Ihrer eigenen Situation verändern oder wie Sie sie aktiv mitgestalten können.»

Reflexion

Der Trainer fühlte sich von der depressiven Stimmung im Raum angesteckt und von dem Ausmaß der Auswirkungen, die die Fusion auf jeden einzelnen der Teilnehmer – also auch auf jede andere potenzielle Führungskraft des Unternehmens – hatte, erschlagen. Herr Speyer konnte die Leitung an Frau Frenkel abgeben, da sie von der Atmosphäre im Raum nicht so stark beeinflusst wurde. Auf diese Weise war für den weiteren Prozess gesorgt.

Eine intensivere Vorbereitung mit dem Auftraggeber wäre – trotz der langfristig bestehenden Geschäftsbeziehungen – in dieser Situation sehr hilfreich gewesen. Mit der Hintergrundinformation über die Unternehmens- und Fusionssituation hätten die Leiter sich auf die Probleme der Teilnehmer und ihren Umgang damit besser vorbereiten können.

Alternativ wäre es möglich gewesen, die Situation der Teilnehmer und die Unternehmenslage allgemein in der Anfangsrunde stärker zu thematisieren.

So kann man's auch machen ...

Seminarschwerpunkt (im Rahmen des Auftrages) anpassen

Um den Teilnehmern eine interessante Perspektive zu bieten und um konstruktiv mit der Reflexion der Situation umzugehen, kann der Trainer in einer solchen Situation auch den Seminarinhalt an den Globe anpassen. In diesem Fall wäre folgendes Vorgehen vorstellbar gewesen:

«In unserem Seminar geht es um Ihr Entwicklungspotenzial. Wir könnten den morgigen Tag nutzen, um für Sie persönlich zu reflektieren, welches Potenzial Sie haben und einsetzen können, um auch die Fusion und ihre Folgen gut zu überstehen. Hierfür könnten wir mit einer Runde beginnen, in der Sie Ihre diesbezüglichen Anregungen und Ideen äußern.»

Risikoabwägung und kollegiale Problemberatung

Als Trainer kann man auf solch eine depressive Stimmung, die sich aufgrund der Fusionssituation und ihrer Auswirkungen einstellt, auch versachlichend und lösungsorientiert reagieren. Hier bietet es sich an, den nächsten Morgen mit einer entsprechenden Trainingseinheit zu beginnen. Die Einheit kann z. B. aus drei Teilen zusammengesetzt sein. Zunächst erfragt die Leitung die Annahmen und subjektiven Gründe, die die Situation für die Teilnehmer so schwierig gestalten. Hier wäre es die bevorstehende Fusion, die z. B. aufgrund einer Stellungnahme des Managements oder aufgrund kursierender Gerüchte erwartet wird. Im Anschluss daran lässt der Moderator die Teilnehmer die Wahrscheinlichkeit schätzen, mit der das erwartete Ereignis eintritt. Diese Wahrscheinlichkeit wird bei einer Stellungnahme des Managements sicherlich anders ausfallen als bei den im Unternehmen kursierenden Gerüchten. Auf diese Weise werden einige Annahmen priorisiert und andere relativiert. Durch den strukturierten und rationalen Umgang mit der Thematik werden die Probleme für die Teilnehmer greif- und handhabbarer. Der dritte Schritt beinhaltet die Entwicklung von Ideen zu Maßnahmen, Lösungen und Umgangsweisen mit den einzelnen Aspekten des Problems. Dieser Abschnitt kann im Plenum, in Teilgruppen oder in Paaren angeleitet werden. In jedem Fall sollte das Know-how, das die Teilnehmer selbst mitbringen, an dieser Stelle für eine kollegiale Beratung genutzt werden.

● **Nutze das Know-how der Teilnehmer.**

Es kann hilfreich sein, die Maßnahmen bzw. die Möglichkeiten, die im Einflussbereich der Teilnehmer liegen, danach zu unterscheiden, ob sie gemeinsam angegangen werden sollten oder ob der einzelne Teilnehmer an dieser Stelle wirkungsvoll eingreifen kann. Auf diese Weise können in der Gruppe gemeinsam neue Handlungsspielräume erarbeitet werden.

Rollentausch

Es fällt uns oft leichter, für andere Menschen eine Problemlösung zu entwickeln als für uns selbst. Die Methode des Rollentausches trägt dieser Tatsache Rechnung. Als Trainer hat man die Möglichkeit, einen Rollentausch bzw. einen entsprechenden Perspektivenwechsel z. B. folgendermaßen anzuleiten:

«Kürzlich sah ich ein Interview mit dem Ersatztorwart von Bayern München. Der Name ist mir gerade entfallen. Auf jeden Fall erzählte der Torwart davon, wie es ist, immer der zweite Mann hinter so einem großartigen Torwart wie Oliver Kahn zu sein und ewig in dessen Schatten zu stehen. Er war frustriert darüber, dass sich beide im Alter nicht viel unterscheiden, er selbst aber selten die Gelegenheit bekommt, mal auf dem Platz zu stehen, da bei den entscheidenden Spielen natürlich immer Kahn eingesetzt wird. Auf der anderen Seite fühle er sich im Verein sehr wohl und wolle gern weiterhin für Bayern München spielen. Was würden Sie diesem Torwart raten?» (Zur Vertiefung der Erfahrung kann ein entsprechendes Rollenspiel genutzt werden, um den Rollentausch realitätsnäher umzusetzen.) Anschließend sollte die Auswertung auf die Metaebene* gehoben und herausgearbeitet werden, welche der Ratschläge auch für die (anderen) anwesenden Teilnehmer von Nutzen sein können.

Eine weitere Variante ist der Rollentausch mit einem anwesenden Kollegen. Es finden sich Paare zusammen, die sich gegenseitig aktiv zuhören und beraten. Auch hier werden unter Zuhilfenahme des Perspektivenwechsels neue Lösungen generiert, die meist für beide Teilnehmer von Nutzen sind.

Empathie

Häufig helfen den Teilnehmern in einer emotionsgeladenen Situation das Verständnis und die Anteilnahme einer außenstehenden Person. Der Trainer kann dementsprechend mit einer Zusammenfassung des Gehörten und einer persönlichen Resonanz reagieren, indem er z. B. sagt: «Das ist wirklich eine schwierige Situation, in der Sie sich befinden. Unter diesen Umständen kann ich gut verstehen, dass es für Sie keinen Sinn hat, sich morgen weiter mit dem Thema ‹Karriereentwicklung in meinem Unternehmen› auseinander zu setzen! Da beschäftigen Sie ja ganz andere Dinge!» Nicht selten reicht ein solches Eingehen auf die Lage der Teilnehmer aus, und sie können selbst einen Vorschlag zur konstruktiven Fortsetzung des Seminars beisteuern. Der Trainer könnte die Teilnehmer hier fragen: «Was wäre für Sie denn morgen noch eine sinnvolle Weiterführung der heute angesprochenen Inhalte?»

Über den Auftrag hinausgehen

Kann der Trainer es mit seiner eigenen Einstellung vereinbaren, so hat er auch die Möglichkeit, zu entscheiden, dass die ursprünglich geplanten Seminarinhalte für die Teilnehmer keinen Sinn mehr ergeben. Er geht damit über seinen Auftrag hinaus und gestaltet das Seminar stattdessen ausschließlich teilnehmer- und prozessorientiert. In diesem Fall könnte der Leiter das Ziel der Firma, gemeinsam mit den Nachwuchskräften ihre Entwicklungsmöglichkeiten im Unternehmen auszuarbeiten, umgestalten und an einer individuellen Karriere- und Entwicklungsplanung mit den Teilnehmern arbeiten, die sie ggf. auch in einer anderen Firma ein- und umsetzen können.

Dieses Vorgehen ist sehr an den Bedürfnissen der Teilnehmer orientiert und trägt dem Globe Rechnung. Es beinhaltet jedoch auch ein nicht zu unterschätzendes Risiko für den Trainer. Setzt dieser sich auf diese Weise über den Auftrag des Unternehmens, das ihn bezahlt, hinweg, riskiert er, bei dieser Firma keine weiteren Aufträge mehr zu bekommen.

Erweitern des Auftragsverständnisses

Natürlich hat der Trainer neben der o. g. Variante auch die Möglichkeit, den Auftrag zu erweitern oder umzudefinieren. In unserem Fall könnte der Trainer damit argumentieren, dass es seine Aufgabe ist, den Nachwuchskräften die Themen «Führung» und «Entwicklung zur Führungskraft» näher zu bringen, und dass dies für ihn bedeutet, die Teilnehmer in den besten Stand zu versetzen, Führung auszuüben. Eine individuelle Entwicklungsplanung und die Kenntnis der persönlichen Stärken und Schwächen gehören für ihn – unabhängig vom Unternehmen – in diesem Fall ebenfalls zum Thema «Führungsqualitäten». Im Idealfall sollte der Trainer diese Änderung im Nachhinein mit seinem Auftraggeber abstimmen.

Auch negative Seminarergebnisse würdigen

Kommen Teilnehmer in einer schwierigen Unternehmenssituation zu dem Ergebnis, dass das Seminar, die Fortbildung oder auch die weitere Zugehörigkeit zu ihrem Unternehmen durch die neuen Erkenntnisse infrage gestellt wird, ist auch dieses Ergebnis zu würdigen. Das heißt, dass der Trainer auch in einer solchen Situation den Lernerfolg herausstellen kann. Allerdings ist hier Vorsicht geboten. Bei den Teilnehmern darf auf keinen Fall der Verdacht aufkommen, dass der Trainer sich über sie lustig macht oder seine Aussage ironisch gemeint ist! Es geht vielmehr darum, auch mit negativen oder schlechten Erlebnissen im Seminar gut umzugehen.

● **Die Herausforderung ist, mit Schlechtem gut umzugehen.**

Checkliste: Unternehmensfusion

◻ Welche Informationen habe ich über den (Firmen-)Kontext, in dem das Seminar stattfindet? Sind diese ausreichend?

◻ Wer kann mir ggf. einen Überblick über die aktuellen Entwicklungen in dem betreffenden Unternehmen geben?

◻ Sollte ich trotz bereits etablierter Geschäftsbeziehungen eine erneute «Auftragsklärung» mit der Personalentwicklungsabteilung in Betracht ziehen?

◻ Welche Werte und Grundsätze kennzeichnen das Unternehmen, für das ich die Veranstaltung durchführe?

◻ Wie kann ich die Informationen, die die Teilnehmer mir geben (können), in mein Konzept integrieren?

◻ Wie kann ich das Seminar an den Globe anpassen?

◻ Welche Intervention ist in der aktuellen Situation hilfreich?

◻ Ist eine Diskussion auf der Metaebene angebracht?

◻ Wie kann ich die emotionale Stimmung im Seminar «versachlichen», um mich und die Teilnehmer wieder handlungsfähig zu machen?

◻ Ist ein Rollen- bzw. Perspektivenwechsel für die Teilnehmer hilfreich?

◻ Wie kann ich das Know-how der Teilnehmer für den weiteren Seminarverlauf sinnvoll nutzen?

◻ Kann das Seminar unter diesen Bedingungen für die Teilnehmer sinnvoll umgestaltet werden?

◻ Ist meine Beziehung zu dem Unternehmen so tragfähig, dass ich über meinen Auftrag hinausgehen kann, oder muss ich Rücksprache mit meinem Auftraggeber – aufgrund der neuen Situation – halten?

■ 3.2   Firmenkontext vernachlässigt: Der Globe rächt sich …

In den Fällen, in denen der Globe zum Thema des Seminars wird oder dieses beeinflusst, geht es häufig um den Firmenhintergrund – also um den systemischen* Kontext, in den das Seminar eingebettet ist. Hierbei können z. B. Umbruchsituationen im Unternehmen, Rationalisierungsmaßnahmen, fehlende betriebliche Weiterentwicklungsmöglichkeiten oder alte bzw. verhärtete Strukturen im Unternehmen von entscheidender Bedeutung sein. Es ist verständlich, dass solch ein systemischer Hintergrund gerade in Weiterbildungsveranstaltungen zu Schwierigkeiten führen kann. Die folgende Beispielsituation zeigt dies eindrücklich:

Das geht bei uns nicht!

Es handelt sich um ein Seminar zum Thema «Konflikte in der Führungsrolle» mit Leitern der mittleren Führungsebene. Die Teilnehmer haben zuvor ein Assessment Center durchlaufen und wurden für die weitere interne Führungskräfteentwicklung vorgeschlagen. Das Seminar wird als nächster Entwicklungsschritt angekündigt. Die Trainerin – Stefanie Jensen – hält im Verlauf der Veranstaltung Vorträge und bearbeitet mit den Teilnehmern persönliche Fragestellungen. Bei dieser Arbeit kommt es am zweiten Tag zu einer Wertediskussion. Herr Wark führt an: «Das kann man bei uns nicht machen. Wenn wir so kommunizieren, schlägt man uns das links und rechts um die Ohren! Kennen Sie denn unsere hohen Herren nicht?» Frau Jensen erwidert daraufhin wahrheitsgemäß: «Nein, ich kenne Ihre Führungskräfte nicht, aber Sie können mir sicher erzählen, wie sie sind und warum die Kommunikation mit ihnen ein Problem ist.» Sie versucht, mit den Bedenken von Herrn

Wark zu arbeiten und ihren Fokus darauf zu richten, was er im Umgang mit den Führungskräften im eigenen Unternehmen als besonders schwierig erlebt. Schnell setzt auch vonseiten der anderen Teilnehmer eine laute Klage über die Führungskräfte im Allgemeinen ein: «Da ist gar nichts zu ändern. Da nützt auch gute Kommunikation nichts!» Frau Jensen fragt daraufhin nach: «Ich dachte, Sie wollen sich selbst als Führungskräfte weiterentwickeln?», und erhält aus der Gruppe die Antwort: «Ja, aber bei uns kann man nicht wirklich kommunizieren. Bei uns sind Konflikte nur theoretisch erlaubt. Unsere Realität sieht eben anders aus.»

Wie würden Sie – in der Rolle der Seminarleitung – jetzt reagieren?

Frau Jensen unterbricht an dieser Stelle offiziell den inhaltlichen Teil des Seminars, da klar wird, dass diese «Störung» Vorrang haben muss. Sie fragt intensiver nach dem Kontext, der es den Teilnehmern in dieser Situation unmöglich macht, sich weiter auf die zu vermittelnden Inhalte zu konzentrieren: «Jetzt machen wir mit der Bearbeitung der einzelnen Anliegen und Fragestellungen erst mal eine Pause und betrachten gemeinsam dieses Thema. Ich möchte die Situation in Ihrem Unternehmen verstehen, denn sie hat ja augenscheinlich einen großen Einfluss auf unser Seminar und auf unser weiteres Vorgehen. Es ist schließlich entscheidend, dass das, was wir hier tun für Sie und Ihren Firmenkontext, auch einen Sinn ergibt!» Sie erkundigt sich interessiert danach, wie sich die genaue Situation im Unternehmen darstellt, und fordert die Teilnehmer anschließend auf: «Machen Sie so eine Führungskraft doch mal vor, sodass ich einen Eindruck bekommen kann, wie die Vorgesetzten bei Ihnen so sind und sich verhalten.» Frau Jensen hört den Teilnehmern bei ihren Beschreibungen und ihren Darstellungen aktiv zu und versucht, die Probleme der Gruppenmitglieder auch emotional zu verstehen. Nachdem sie die Problemstellungen am Flipchart gesammelt hat, schließt sie den Tag ab. Dabei stellt sie die Möglichkeit der Umorientierung – in Bezug auf die Seminarinhalte – in Aussicht: «Morgen schauen wir uns als Erstes an, was das, was wir gerade gemacht und diskutiert haben, für unser Seminar bedeutet und wie wir sinnvoll damit weiterarbeiten können.»

Am nächsten Morgen beschließt die Mehrheit der Teilnehmer, dass sie inhaltlich weiterarbeiten wollen. Im Verlauf kommen einige andere aber immer wieder auf das Thema «Das geht bei uns nicht» zurück. Frau Jensen trifft nach kurzer gemeinsamer Diskussion eine Entscheidung und sagt: «Wenn Ihre Realität anders ist als das, was wir hier zum Thema haben, und unser gestriges Gespräch das so deutlich gemacht hat, dass es Sie immer noch beschäftigt, ist das vielleicht bedauerlich, aber ich habe hier den Auftrag, mit Ihnen dieses Seminar durchzuführen, und ich möchte das auch gerne weiter machen.» Trotz dieser Klarstellung kommt Frau Jensen im weiteren Verlauf des Seminars kaum noch dazu, an den Seminarinhalten weiterzuarbeiten, da die Firmenstrukturen und -probleme immer wieder zum Thema werden.

Wie würden Sie – in der Rolle der Seminarleitung – jetzt reagieren?

Für Frau Jensen wird klar, dass sie mit ihrem Auftraggeber – dem Personalentwickler Herrn Willem – klären muss, was aus seiner Sicht der Hintergrund für die intensiven Wertedebatten ist. Sie hält dies für eine wesentliche Diskussion und ist der Ansicht, dass die Fragestellung weiter thematisiert werden muss, da sonst keine sinnvolle Arbeit zu dem Thema Konflikte in diesem Unternehmenskontext möglich ist.

Nach dem zweiten Seminar, das Frau Jensen für das Unternehmen durchführt und das ähnlich verläuft wie das erste, nimmt sie noch einmal Kontakt zu der Personalentwicklungsabteilung auf. Sie möchte erfahren, «woher der Wind rührt», der ihr in den Seminaren so massiv entgegenschlägt. Für sie ist deutlich, dass sich in ihrem Seminar etwas entlädt, dessen Ursache im Unternehmenskontext liegt. Sie erklärt Herrn Willem: «Es ist eine notwendige Debatte, ob man Konflikte in einem Unternehmen haben bzw. austragen darf oder nicht. Aber dass sie so vehement und auch als Abwehr im Seminar geführt wird, ist eine schwierige Sache und müsste eigentlich nicht in meinem Seminar, sondern in Ihrem Haus geklärt werden.»

Frau Jensen äußert ihrem Auftraggeber gegenüber ihre Bedenken und macht deutlich, dass sie unter diesen Bedingungen nicht weiter für das Unternehmen arbeiten kann. Sie will ihre Arbeit nur fortsetzen, wenn sie Kontakt zu der nächsten Führungsebene bekommt. Dort will sie klären, woran es liegt, dass die Führungskräfte solche Schwierigkeiten mit dem Thema Kommunikation und Konflikte haben. Herr Willem unterstützt Frau Jensen in diesem Anliegen und in ihrem Vorgehen sehr, aber der Kontakt zum Management kommt nicht zustande. Frau Jensen zieht daraus ihre persönliche Konsequenz und führt in dem Unternehmen keine weiteren Seminare durch.

Reflexion

Die Entstehung der Schwierigkeit in dieser Situation liegt darin begründet, dass die Trainerin mit der Kombination von verhärteten Hintergründen bzw. Hierarchien und frustrierten jungen Führungskräften im Mittelmanagement konfrontiert wurde. Die Nachwuchskräfte sollten und wollten sich auf der einen Seite

● **Seminare allein verändern keine Unternehmenskultur.**

intern weiterentwickeln, hatten aber auf der anderen Seite schwerwiegende Konflikte mit oder kaum Kontakt zu den höheren Hierarchie-Ebenen. In dem Unternehmen sollte über die Personalentwicklung eine Veränderung der Führungskultur initiiert werden, ohne dass die aktuell führenden Manager dieser Kultur selbst entsprachen oder sie unterstützten. Auf der einen Seite war Umgang mit Konflikten von der Personalentwicklung als wichtiges Element von Führung erkannt worden und sollte den neuen und gewünschten Führungsstil prägen. Auf der anderen Seite wurde im Unternehmen und im Management keine offene Kommunikation gelebt und gefördert.

Da sich die Führungskultur nicht über Trainings allein verändern lässt, war die Konsequenz der Trainerin in dieser Situation angebracht. Darüber hinaus ist zu vermuten, dass die Seminare, wenn die Teilnehmer keine Möglichkeit haben, das neue Verhalten im Unternehmen umzusetzen, nur ein Ort zur Thematisierung der ungelösten Probleme geblieben wären.

So kann man's auch machen …

Aktiv zuhören und die Teilnehmer ernst nehmen

Der Eindruck, dass Firmen Seminare nur anbieten, weil «ein Unternehmen das heutzutage machen muss», entsteht leicht, wenn man als Trainer im Seminar mit dem Satz «Das geht bei uns nicht» konfrontiert wird. In diesem Fall ist es ratsam, nachzufragen: «Warum geht das bei Ihnen nicht?», aktiv zuzuhören und – zur Vorbereitung auf eine spätere Beratung der Personalentwicklungsabteilung – zu versuchen, das System der Organisation zu verstehen. Es kann hilfreich sein, mit den Teilnehmern Ideen und Vorschläge zur Problemlösung zu sammeln, um anschließend ungestört mit dem eigentlichen Seminarthema fortzufahren.

Rollenkonflikt: Probleme der Teilnehmer versus Seminarthema

Wenn sich die Teilnehmer mit ihren Bedenken gehört und verstanden fühlen, kann die Leitung über eine Verbindung der Problematik mit dem Seminarthema – so es eine gibt – versuchen, die gemeinsame Arbeit wieder aufzunehmen. Dabei ist es wichtig, die Teilnehmer nicht zur Auseinandersetzung mit dem Seminarthema zu «überreden». Die Auseinandersetzung mit Problemen, die für die Teilnehmer keine Relevanz haben, ist wenig erfolgversprechend. Versucht der Trainer, der Gruppe das Thema zu «verkaufen», kommt es bei den Teilnehmern häufig zu Widerständen, da sie sich mit ihren Problemen nicht ernst genommen fühlen. Wenn die Teilnehmer das vom Leiter vorgeschlagene Vorgehen ablehnen, kann es für ihn zu einem Rollenkonflikt kommen. Der Trainer hat einen Auftrag zu erfüllen, und die Teilnehmer verweigern in diesem Moment die Erfüllung des Auftrags. In einer solchen Situation ist es angebracht, den eigenen Rollenkonflikt transparent zu machen und mit der Gruppe gemeinsam nach einer praktikablen Lösung zu suchen.

Seminare ablehnen

Natürlich sollte man als Trainer schon bei der Auftragsklärung versuchen, festzustellen, welche Motivation hinter der Fortbildungsmaßnahme steht. Kommt es trotzdem zu einer ähnlichen Situation wie oben dargestellt und lässt sie sich auch im Nachgespräch nicht klären, sollte der Trainer sich nicht scheuen, weitere Aufträge in dem entsprechenden Unternehmen abzulehnen. Schlägt dem Leiter im Seminar ein solcher Widerstand entgegen, leidet der Kontakt zur Gruppe. Für den Trainer können die Arbeitsverweigerung der Teilnehmer und die mangelnde Aufmerksamkeit, die den von ihm zu vermittelnden Inhalten entgegengebracht wird, eine fachliche und persönliche Entwertung bedeuten. Es ist wichtig, zu bedenken, dass man ein Unternehmen nicht über die Seminarebene verändern kann. Personalentwicklung muss überall im Unternehmen eine Chance haben und darf nicht an einer «Hierarchiekante» aufhören. Dementsprechend können Entwicklungsmaßnahmen nur erfolgreich sein, wenn sie von den Führungskräften getragen und die Inhalte auch vorgelebt werden.

● **Personalentwicklung ist Aufgabe der Führungskraft.**

Generell gilt: Wird die Entwicklung der Mitarbeiter von der Organisation unterstützt, lohnt sich ein Seminar sehr. Ist eine Weiterentwicklung der Mitarbeiter jedoch nicht gewollt, sollten auch keine Seminare angeboten werden.

Beratung in der Auftragsklärung

Es ist möglich, bereits im Rahmen der Auftragsklärung festzustellen, wie die Unternehmenskultur im Hinblick auf die Fortbildung der Mitarbeiter geprägt ist. Zum Beispiel kann der Trainer seinem Gegenüber Sätze anbieten wie: «Manchmal macht man ja auch einfach Seminare, weil man sie machen muss, weil das heutzutage modern ist», und ggf. nachfragen: «Wie ist das bei Ihnen im Haus?» Es ist wichtig, zu klären, ob es gewünscht ist, dass die Teilnehmer der Seminare die gelernten Verhaltensweisen im Arbeitsalltag tatsächlich umsetzen.

Der Trainer muss neben der Personalentwicklung auch die nächsthöhere Führungsebene beraten können. Gegebenenfalls bietet es sich an, statt mit einem Seminar zunächst mit einer anderen Intervention zu beginnen. Zum Beispiel: Bevor der Trainer eine Seminarreihe zum Thema Coaching im ganzen Unternehmen durchführt, sollte das Management mit der Teilnahme an einem Pilotseminar «ins Boot geholt» werden. Vielleicht sind zuvor auch andere Maßnahmen anzuraten, z. B. ein Workshop zur gemeinsamen Ausrichtung der Führungskultur.

Verknüpfung von Thema und Globe

Im Idealfall lässt sich das Thema mit dem übermächtigen Globe kombinieren, ohne dass der Trainer in einen Rollenkonflikt bezüglich seines Auftrags gerät. Folgendes Beispiel eignet sich zur Veranschaulichung dieser Verknüpfung:

Angehende Meister mussten im Rahmen einer Fortbildungsveranstaltung zum Thema Potenzialentwicklung feststellen, dass es in ihrem Betrieb keine Zukunftsperspektive für sie gab. Der Seminarleiter hat mit den Teilnehmern an diesem

● Sich bewusst von einem Traum zu verabschieden kann eine konstruktive Erfahrung sein.

Problem und den ihnen zur Verfügung stehenden Handlungsalternativen weitergearbeitet, da er die Ansicht vertrat, dass ein geordneter Rückzug von einem Traum für die Teilnehmer nicht automatisch eine negative Erfahrung sein muss. Es kann für die Gruppe eindrucksvoll sein, ein gemeinsames Leiden bzw. eine gemeinsame Problembewältigung zu erleben. Der Trainer muss allerdings dafür Sorge tragen, dass die Bearbeitungstiefe für alle akzeptabel ist und es zu einem «sauberen» Abschluss im Seminar kommt. In diesem Fall – wie auch in der Beispielsituation von Ruth Cohn – griffen Thema und Globe ineinander, sodass eine Verknüpfung im Sinne des Auftrags möglich war.

Auffallend ist, dass im Zusammenhang mit der dargestellten Problematik schwieriger Firmenkontexte häufig das Stichwort «Teilnehmerorientierung» fällt. Auf diese Thematik wird im Kapitel 5 «Teilnehmer contra Thema» noch einmal vertiefend eingegangen.

Checkliste: Firmenkontext vernachlässigt

- Wie sieht der Firmenhintergrund aus?
- Befindet bzw. befand sich das Unternehmen in einer Umbruchsituation?
- Wie sieht die hierarchische Struktur in der Firma und im Seminar aus?
- Wer gehört zur Zielgruppe der Veranstaltung? Was könnten die Schwierigkeiten in dieser Gruppe sein?
- Warum wird ein Seminar für diese Zielgruppe angeboten?
- Wie sieht das Weiterbildungskonzept der Firma aus?
- Will die Unternehmensführung (mindestens eine einflussreiche Person) tatsächlich eine Verhaltensänderung ihrer Mitarbeiter erreichen? Trägt die Firma die Veränderungen mit?
- Was bedeuten der gewählte oder zu wählende Ort und die Zeit für die Seminarteilnehmer (Nähe bzw. Distanz zum Unternehmen)?
- Wer hat Interesse am Erfolg dieser Fortbildungsmaßnahme, wer in dieser Organisation könnte dagegen sein?
- Haben sich die Teilnehmer freiwillig zu dem Seminar angemeldet, oder wurden sie «geschickt»?

■ 3.3 Schwieriger Kontext für den Trainer

Es gibt Situationen, in denen der Kontext die Teilnehmer zwar betrifft, aber nur für den Leiter schwierig wird. Der Globe kann auf unterschiedliche Weise Einfluss auf den Trainer und seine Arbeit nehmen. Ein Kontext, der primär für den Leiter schwierig ist, könnte beispielsweise durch Seminarverhältnisse, die von der Planung abweichen, bedingt sein. Es erscheinen beispielsweise mehr oder weniger Teilnehmer als vorgesehen – und gewünscht –, oder der Ko-Trainer erkrankt. Eventuell muss der Trainer selbst für jemand anderen kurzfristig einspringen und hat mit dem zweiten Leiter noch nie zusammengearbeitet. Vielleicht sind die Seminarräume nicht mit den entsprechenden Materialien ausgestattet, die gebraucht werden usw. Man kann sich die unterschiedlichsten Konstellationen vorstellen.

Hier ein konkretes Beispiel eines für den Leiter schwierigen Kontextes:

Der Hauptleiter fällt aus

Die Trainerin Gaby Waldauer erfährt am Vorabend eines Seminars zum Thema Arbeitssicherheit und Arbeitsschutz, welches sie gemeinsam mit einem sehr versierten Trainer durchführen soll, dass dieser kurzfristig erkrankt ist und als Leiter ausfällt. Frau Waldauer hat keine Möglichkeit, das Seminar, das sie selbst nur aus den Unterlagen kennt, abzusagen, da die Teilnehmer bereits im Tagungshotel angereist sind.

Wie würden Sie – in der Rolle der Seminarleitung –
jetzt reagieren?

Frau Waldauer ruft einen Kollegen – Meik Schäffer – an: «Meik, ich weiß wirklich nicht mehr, was ich machen soll! Ich hab das Seminar noch nie gehalten, geschweige denn alleine durchgeführt! Kannst du nicht einspringen?! Du hattest in dem Seminar doch zumindest schon mal die Ko-Leitung! … Ja, ich weiß, dass dein Sohn morgen Geburtstag hat, und glaub mir, ich würde dich nicht um Hilfe bitten, wenn ich nicht total verzweifelt wäre!» Die Situation ist für Gaby Waldauer extrem schwierig. Diverse schreckliche Visionen, in denen sie sich hilflos den Teilnehmerreaktionen wegen ihrer Inkompetenz ausgeliefert sieht, gehen ihr durch den Kopf. Nachdem sie Meik Schäffer dazu überredet hat, das zweitägige Seminar gemeinsam mit ihr zu leiten, beginnt sie mit der intensiven Vorbereitung. Von der Verzweiflung getrieben, arbeitet sie die halbe Nacht Vorträge aus und plant Gruppenarbeiten. Sie zerbricht sich den Kopf, wie sie den Teilnehmern die Situation erklären soll. Sie weiß, dass die Seminareröffnung entscheidend sein kann: «Was sage ich den Teilnehmern, damit sie uns im Laufe des Seminars nicht ‹entlarven› oder sich fragen, warum zwei Trainer ohne fundiertes Wissen die Veranstaltung leiten? Und vor allem: Wie soll ich ihnen sagen, dass das für uns nicht gerade ein Heimspiel ist?! Ist es unprofessionell, überhaupt darüber zu sprechen? Aber sie merken das bestimmt ohnehin sofort …!»

Was würden Sie – anstelle der Seminarleitung – jetzt tun?

Frau Waldauer entscheidet sich dafür, die «Wahrheit der Situation» im Rahmen einer längeren Seminareröffnung anzusprechen, indem sie den Teilnehmern gegenüber offen legt, wie die Konstellation der Leitung zustande gekommen ist. Natürlich ist sie an dieser Stelle nur selektiv authentisch*: «Sie wundern sich bestimmt, warum wir hier so, in dieser Zusammensetzung, sitzen. Und wenn wir ehrlich sind, wundern wir uns erst recht. Wir wissen das auch erst seit gestern, und das hier ist nicht unsere Traumbesetzung. Eigentlich sollte ja unser Kollege Björn Schulze mit mir gemeinsam dieses Seminar leiten. Er ist gestern aufgrund von hohem Fieber kurzfristig ausgefallen, aber zum Glück ist Meik Schäffer für ihn spontan eingesprungen.» Sie erklärt auch, warum sie das Seminar nicht alleine leiten wollte, erwähnt dabei jedoch nicht, dass sie das Seminar selbst nur aus den Unterlagen kennt. «Alleine zu leiten wäre bei dieser Gruppengröße und der Seminarkonzeption nicht günstig gewesen. Zumal das hier kein Seminar ist, das ich immer wieder gebe und mit dem ich schon viel Erfahrung habe. Es ist eher ein Seminar, wo ich mich ‹neu› fühle und das ich überhaupt noch nicht alleine geleitet habe, und von daher bin ich froh, dass mein Kollege Meik Schäffer es einrichten konnte, mich hier zu unterstützen.»

Sie spricht außerdem an, dass sie erwogen hat, das Seminar abzusagen: «Das schien mir dann allerdings die schlechteste Lösung zu sein, da mehrere von Ihnen ja bereits gestern Abend angereist sind und somit den langen Weg umsonst auf sich genommen hätten.» Die Gruppe ist den Leitern nach diesem Einstieg für ihr Engagement sehr dankbar und gibt Frau Waldauer und Herrn Schäffer während des Seminars immer wieder positives Feedback.

Reflexion

Das Schwierige war in diesem Fall die Situation im Vorfeld. Die Trainerin hat versucht, ihren «Horrorvisionen» mit Hilfe der Seminareröffnung vorzubeugen. Um mit Ruth Cohns Worten zu sprechen: «Wenn es schwierig wird in der Kommunikation, dann sag einfach, was mit dir ist.» Durch diese prophylaktische Maßnahme hat die Trainerin eine schwierige Seminarsituation

● Wenn es schwierig wird in der Kommunikation, dann sag, was mit dir ist. (Ruth Cohn)

verhindert. Mit offenen Karten zu spielen und nicht mehr Kompetenz und Souveränität, als vorhanden ist, vorzutäuschen, hat sich als erfolgreich herausgestellt. In einer solchen Situation wären sich die Leiter vermutlich wie Hochstapler vorgekommen und hätten während des Seminars ständig in der Angst gelebt, entlarvt zu werden. In diesem Fall hat sich die Mischung aus Offenheit und Selektivität sowie einer Portion Galgenhumor bewährt.

So kann man's auch machen ...

Eigene Ansprüche berücksichtigen

Häufig löst der veränderte Kontext im «Inneren» des Trainers Ängste und Erwartungen aus, die die Situation für ihn schwierig werden lassen. Das folgende Beispiel veranschaulicht, wie man mit einer solchen Situation umgehen kann:

Der Trainer steht vor der Schwierigkeit, ein Seminar mit einer Gruppe leiten zu müssen, die viel größer als erwartet ist. Er spricht ebenfalls die «Wahrheit der Situation» an und bezieht die Teilnehmer in die Klärung der Situation mit ein. Er

● **Rechne mit allem wenn du in einen Seminarraum kommst.**

erfragt, wie die Teilnehmer zu diesem Seminar gekommen sind und wie sie sich die weit überschrittene Teilnehmerzahl erklären. Anschließend zieht er eine Pause vor und stellt sein Konzept und seine Methodik auf die große Gruppe um. Bei einem solchen Vorgehen ist es wichtig, die eigenen Ansprüche an sich, an das Seminar und an die Teilnehmer aufgrund der veränderten Seminargröße zu revidieren. Die Arbeit mit zwanzig Personen findet auf einem anderen Niveau statt als die Arbeit mit acht Personen.

Die eigenen Störungen ernst nehmen und thematisieren

Der schwierige Kontext für Trainer, die nicht «sofort» eine Lösung für die Situation parat haben, kann bei ihnen zu Störungen der Arbeitsfähigkeit führen. Es ist wichtig, solche Störungen nicht nur aufseiten der Teilnehmer, sondern auch auf der Leiterseite ernst zu nehmen. Von entscheidender Bedeutung kann es sein, dass der Trainer auch für sich und seine Bedürfnisse sorgt, damit er das Seminar gut leiten kann.

In diesem Zusammenhang empfiehlt es sich, die Störungen an- und auszusprechen und sich selbst als Leitung wichtig zu nehmen. Ein gutes Arbeitsumfeld ist sowohl für die Teilnehmer als auch für die Leitung von entscheidender Bedeutung.

Es ist einerseits richtig, dass der Leiter die Situation anspricht, um sich selbst auch von der Störung zu befreien und um Transparenz über die aktuelle Situation im Seminar zu schaffen. Auf der anderen Seite darf der Trainer die Teilnehmer aber nicht für etwas verantwortlich machen bzw. sie mit etwas konfrontieren, was sie selbst gar nicht betrifft.

Checkliste: Schwieriger Kontext für den Trainer

- Wer ist hier durch wen/was in seiner Arbeitsfähigkeit gestört?
- Wer ist wofür verantwortlich?
- Was muss ich erfahren, um mit der Situation umgehen zu können?
- Kann ich mir mit (technischen) Hilfsmitteln oder mit speziellen Übungen die Leitung erleichtern?
- Sollte bzw. kann ich die Teilnehmer stärker mit einbeziehen?
- Was muss ich ansprechen, um das Seminar weiter gut zu leiten?

- Wie sieht ein gutes Arbeitsklima für mich und für die Gruppe aus?
- Was kann ich tun, um meine Arbeitsfähigkeit wiederherzustellen?

4. Der schwierige Teilnehmer

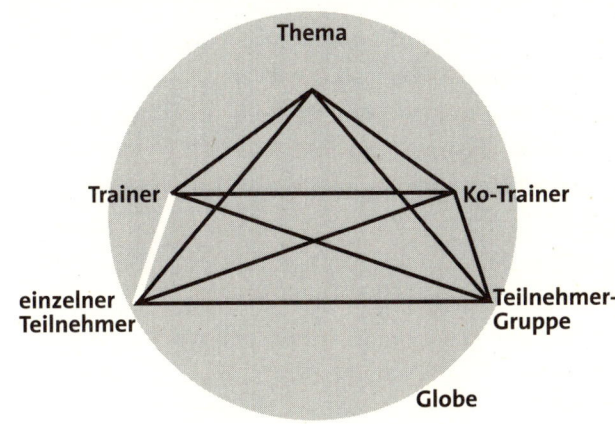

Gibt es *den* schwierigen Teilnehmer? Wie sieht er oder sie aus? Ist eine Person, die für den einen Trainer zum schwierigen Gegenüber wird, auch für den anderen Trainer ein Problem?

Grundsätzlich ist davon auszugehen, dass Teilnehmer den Trainern nichts Böses wollen. Auch wenn sich in der Literatur diverse Typologien schwieriger Teilnehmer finden, ist deren Auftreten selten empirisch untersucht und belegt. Deshalb ist es in jedem Fall ungünstig, dem Mythos einer solchen Typologie zu unterliegen, da derjenige, der erwartet, schwierige Teilnehmertypen anzutreffen, diese auch – ganz im Sinn einer sich selbst erfüllenden Prophezeiung – finden und erleben wird.

Teilnehmer, die dem Trainer schwierig erscheinen, haben meist gute Gründe für ihr Verhalten. Vielleicht fühlen sie sich von dem Seminarleiter oder ihrem Vorgesetzten, der sie zu diesem Seminar geschickt hat, ungerecht behandelt, oder es gibt eine problematische Vorgeschichte, die sie auf ihre Art und Weise handeln bzw. reagieren lässt. Für den Trainer ist es meist nicht einfach, die Gründe für das Verhalten der Teilnehmer zu durchschauen, und der Konflikt mit einem Teilnehmer kommt für den Leiter meist unerwartet und ist unerfreulich. Derjenige, der davon ausgeht, dass die Teilnehmer dem Trainer nicht schlecht gesinnt sind und auch nicht «einfach nur stören» wollen, wird weniger Konflikte und Krisen in Seminarkontexten erleben. Aber warum schreiben wir ein Kapitel über «schwierige» Teilnehmer, wenn es sie – wie die oben erwähnten Erklärungen nahe legen – gar nicht gibt? Objektiv betrachtet, wird es den schwierigen Teilnehmer wohl tatsächlich nur selten geben. Das bewahrt den Trainer allerdings nicht davor, den einen oder anderen Beteiligten als schwierig zu empfinden. Zumal es diverse Situationen gibt, in denen einzelne Teilnehmer den Trainer durch die Art ihres Verhaltens in Schwierigkeiten bringen.

Auch wenn die Teilnehmer den Leitern prinzipiell nichts Böses wollen, ist es wichtig, Umgehens- und Definitionsmöglichkeiten aufzuzeigen, die das Vorgehen in schwierigen Situationen mit einzelnen Teilnehmern erleichtern können.

Im Problemfeld «Der schwierige Teilnehmer» lassen sich verschiedene Formen von Schwierigkeiten finden. In die erste – «Die Seminarleitung testen» – fallen Verhaltensweisen, welche die Trainer als Prüfung vonseiten der Teilnehmer wahrnehmen. Die zweite Untergruppe umfasst Probleme mit Teilnehmern, deren Verhalten als abwertend empfunden wird bzw. denen der Trainer Antipathie entgegenbringt. Als dritte Form thematisieren wir hier die Außenseiterproblematik im Seminar, und schließlich gehen wir auf ein Phänomen ein, das wir «Lähmende Führungskräfte» genannt haben. Dahinter verbirgt sich die Problematik, dass z. B. eine Führungskraft im Seminar anwesend ist und aktiv oder passiv den Seminarprozess bzw. die Entwicklung der anderen Teilnehmer hemmt.

■ 4.1   Die Seminarleitung testen

Nach Schulz von Thun (1993) ist bei schwierigen Verhaltensweisen von Teilnehmern stets zu bedenken, dass es sich um einen Trainer-Test handeln kann, mit dem derjenige dem Leiter «auf den Zahn fühlen» will. Dieses Verhalten kennen wir vielleicht von uns selbst, und es ist durchaus nachvollziehbar. Denn bevor wir uns einem Menschen anvertrauen können, und das passiert auch im Rahmen der Leitung eines Seminars, wollen wir zu Recht wissen, ob die Person vertrauenswürdig ist. Schulz von Thun spricht in diesem Zusammenhang von den «vier Qualifikationen des Leiters» und vergleicht sie mit «vier Zähnen», auf die die Teilnehmer dem Trainer fühlen können:

Echtheit heißt: Ist der/die da vorne glaubhaft – oder ist das ganze Verhalten eine Masche, hinter der sich der wahre Mensch verbirgt?

E = Echtheit

B = Behandlung

K = Kompetenz

S = Souveränität

Abb. 4: Die vier «Test-Zähne» des Seminarleiters (Schulz von Thun, 1993)

Behandlung steht für: Wie fühle ich mich als Teilnehmer von dem Leiter behandelt, z. B. ..., wenn ich etwas von mir persönlich zeige? Werde ich ernst genommen, in meinen Eigenheiten geachtet, oder instrumentalisiert er mich, um den Oberlehrer spielen zu können oder die Lacher auf seine Seite zu ziehen etc.?

Kompetenz meint: Weiß er/sie, wovon er/sie spricht? Lohnt es sich, meine Zeit in diesem Seminar zu verbringen, kann ich mich anvertrauen, und bin ich dann in guten Händen?

Souveränität und Standfestigkeit heißt: Ist da ein Fels, der ein wenig Brandung aushält, oder brauche ich nur einmal «pffft!» zu sagen, und schon fällt er um (Schulz von Thun, 1993)?

Ein von Trainern häufig als testend empfundenes Verhalten ist das «Zuspätkommen». Ein anderes könnte bohrendes Nachfragen oder der Wunsch nach extremer Vertiefung des Stoffes sein. In diesem Kontext werden auch Dauerredner und «Frotzeleien» genannt.

Zunächst eine Beispielsituation zum Thema Zuspätkommen:

Wer zu spät kommt ...

Die 18 Teilnehmer des Seminars «Unfallverhütung in Produktionsbetrieben» sind ausschließlich gewerblich tätige Männer. Inga Jacobs und Svenja Ebeling leiten das Seminar gemeinsam als interne Trainerinnen. Beide sind wesentlich jünger als die Teilnehmer. Am zweiten Morgen kommen drei Personen nacheinander in 15-Minuten-Abständen zu spät und entschuldigen sich mit der geselligen Bierrunde am Vorabend. Das Zuspätkommen steigert sich bis zum letzten Teilnehmer also auf über 45 Minuten und lässt bei den Trainerinnen den Eindruck eines inszenierten Finales entstehen.

Wie würden Sie – in der Rolle der Seminarleitung – jetzt reagieren?

Als die Teilnehmer den Seminarraum betreten, begrüßen die Trainerinnen sie einzeln: «Guten Morgen, Herr Schreiber. Wir sind gerade an folgender Stelle stehen geblieben ...», thematisieren die Verspätung jedoch nicht vor der Gruppe. Während der Mittagspause bitten Frau Jacobs und Frau Ebeling die drei Herren zu einem Gespräch.

«Wir möchten mit Ihnen über Ihre Verspätung heute Morgen sprechen. Als wir gestern Abend auseinander gegangen sind, haben wir unseres Erachtens sehr deutlich gemacht, dass unser gemeinsamer Seminarbeginn heute um 9.00 Uhr ist. Aufgrund Ihres Zuspätkommens wurde die Gruppe heute Morgen drei Mal aus der Arbeit gerissen. Und durch die Einführung, die wir jedem von Ihnen dann noch einmal geben mussten, damit Sie anschließend sinnvoll mitarbeiten konnten, haben wir weitere Zeit der Gruppe verloren. Ihr Zuspätkommen stört uns! Wir möchten, dass alle zu Beginn und nach den Pausen pünktlich da sind. Wir verbringen hier gemeinsam drei Tage, und uns ist es wichtig, dass so einfache Regeln wie Pünktlichkeit eingehalten werden, damit alle ihre Zeit hier auch sinnvoll investieren. Nicht zuletzt sind wir alle von dem gleichen Unternehmen hierher geschickt worden. Und unser Seminar kostet dieses Unternehmen Geld. Geld, das eigentlich für Ihre eigene Weiterbildung gedacht ist. Wir würden gerne wissen, wie Sie zu Ihrem Verhalten heute Morgen stehen und worauf wir uns für morgen einigen können.»

Nach dem Gespräch, in dem sich Frau Jacobs und Frau Ebeling mit den Teilnehmern schnell auf ein pünktliches Erscheinen am nächsten Morgen einigen können, verläuft das weitere Seminar reibungslos.

Reflexion

Die Trainerinnen fühlten sich auf die Probe gestellt. Vielleicht waren die Teilnehmer ihnen gegenüber skeptisch, weil sie mit zwei Frauen in der Leitung konfrontiert wurden. Vielleicht lagen die Gründe im Verhalten der Teilnehmer auch darin, dass die Trainerinnen nicht im eigentlichen Sinne «körperlich» arbeiteten. Da das Leiten von Trainings eher durch eine intellektuelle als durch eine handwerkliche Tätigkeit gekennzeichnet ist und somit nicht dem klassischen Bild von «arbeiten» entspricht, zählt es in bestimmten Kreisen nicht als «richtige Arbeit». Dieser Aspekt wird von gewerblich-technischen Berufsgruppen gerne ins Feld geführt. In jedem Fall hatte die Seminarsituation nichts mit der alltäglichen Arbeitssituation der Teilnehmer gemein. Die Teilnehmer testeten, wie weit sie mit dem Zuspätkommen gehen konnten. Wie häufig in solchen Situationen, stellte sich später heraus, dass es sich bei den drei Teilnehmern um die informellen Führer der Gruppe gehandelt hat.

So kann man's auch machen ...

Analogien zum Berufsalltag

Eine Möglichkeit, mit dem Zuspätkommen von Teilnehmern konstruktiv umzugehen, ist, es in der Gruppe mit Hilfe von Analogien zum Berufsalltag zu thematisieren: «Ein Mitarbeiter kommt immer wieder zu spät. Erleben Sie das auch manchmal? Wie gehen Sie damit um?» Auf diese Weise werden die Teilnehmer mit einbezogen, es werden Gemeinsamkeiten zwischen dem Seminarleiter und der Gruppe hergestellt, und die Zeit bis zum Eintreffen der Nachzügler ist sinnvoll genutzt.

Die Gruppe sensibilisieren

Der Trainer kann, wenn ein Teilnehmer fehlt, das Problem auch an die Gruppe geben. Es ist ratsam, zunächst festzustellen, wer fehlt. Ist nicht klar, um wen es sich handelt, kann das Problem «Wahrnehmung» zum Thema gemacht werden: «Wieso erinnern Sie sich nicht an Ihren Sitznachbarn von gestern?» In solchen Situationen ist bei den Teilnehmern häufig große Betroffenheit festzustellen. Der Leiter kann die Gruppe nach ihren Vermutungen, wo derjenige sein könnte, fragen: «Hat ihn heute schon jemand gesehen? Müssen wir uns jetzt Sorgen machen? Was, denken Sie, sollen wir jetzt tun?» Bleibt der Trainer in dieser Situation eher passiv und in der Rolle des Fragenden, dauert es häufig sehr lange, bis jemand auf die Idee kommt, etwas zu unternehmen. Genau das könnte die Leitung dann zum Thema machen. Einige Trainer erzählen in solchen Fällen selbst erlebte Situationen, in denen Teilnehmer während des Seminars erkrankten und die anderen es nicht einmal bemerkten. Auf diese Weise werden die Gruppenmitglieder sensibilisiert und beginnen, sich füreinander zu interessieren. Der Trainer kann an dieser Stelle eine Übung anleiten, zu der sich die benachbarten Personen einander gegenübersetzen und sich bewusst begrüßen. Es folgt ein kurzer Dialog, in dem sich die Gesprächspartner darüber austauschen, wie es ihnen geht etc.

Kommt der verspätete Teilnehmer schließlich, so wird er in Empfang genommen, und ihm wird berichtet, dass die Gruppe sich bereits Sorgen um ihn gemacht habe. «Wo waren Sie denn?» Plötzlich steht er so im Mittelpunkt des Geschehens, dass es ihm vermutlich unangenehm sein wird. Er wird wahrscheinlich nicht noch einmal zu spät kommen, und auch die Gruppe hat sich mit dem Thema auseinander gesetzt.

Wenn der verspätete Teilnehmer nach der oben dargestellten Übung immer noch nicht erscheint, kann der Trainer mit der Gruppe verabreden, wie mit ihm umgegangen werden soll, wenn er kommt. Auch in diesem Fall wird das Thema in die Gruppe gegeben und nicht allein von der Leitung gelöst.

Die Gruppe als Regulativ – Wer zu spät kommt, den bestraft die Gruppe

Es kann auch vorkommen, dass die Gruppe das Problem löst, ohne dass der Trainer intervenieren muss. Es gibt immer die Gruppe als Regulativ zwischen dem Trainer und dem Verhalten eines Teilnehmers. Eventuell regelt die Gruppe solche Probleme intern, indem ein anderer Teilnehmer die entsprechende Person auf ihr störendes Verhalten hinweist.

● **Wer zu spät kommt, den bestraft die Gruppe.**

Eigenes Thema? – Emotionen zügeln, sachlich bleiben

Weiß der Leiter, dass ihm das Thema Pünktlichkeit sehr wichtig ist und dass er diesbezüglich «leicht anspringt», muss er darauf achten, nicht überzureagieren. Es kann, wie Trainer aus Erfahrung berichten, hilfreich sein, sich beispielsweise zu sagen: «Es ist nicht immer sachdienlich, seinem Ärger über Teilnehmer im Seminar Luft zu machen.»

Verhandlungsbasis klären

Eine andere Möglichkeit, mit zu spät kommenden Teilnehmern umzugehen, ist, wenn schließlich alle anwesend sind, das Thema noch einmal aufzunehmen und zur Verhandlung zu stellen. Dies kann z. B. so aussehen: «Ich möchte gerne das Thema Pünktlichkeit ansprechen. Heute Morgen sind nach und nach alle eingetrudelt. Die Letzten mit 20 Min. Verspätung. Das ist für diejenigen, die pünktlich sind, besonders ärgerlich. Sie haben heute Morgen auf 20 Min. länger Schlafen oder Frühstücken verzichtet, um pünktlich um 9.00 Uhr hier sein zu können, und dann mussten sie warten. Auf welche Zeit können wir uns für morgen Früh einigen, damit es alle schaffen, pünktlich hier zu sein? Meine Verhandlungsmasse beträgt 15 bis 30 Minuten.» Erfahrungsgemäß funktioniert dieses Vorgehen sehr gut.

Der Trainer als Repräsentant des Unternehmens

Interne Trainer vertreten in der Seminarsituation die Firma und sind für die Teilnehmer – in bestimmten Grenzen – mit Vorgesetzten vergleichbar. Einige Trainer bevorzugen in dieser Situation ein sachliches Gespräch unter vier Augen, in dem nicht nur auf die Auswirkungen des Zuspätkommens auf die Gruppe und den Leiter eingegangen wird, sondern der Leiter auch auf den firmeninternen Kontext hinweisen kann. Falls es nötig wird, muss der Trainer auch bereit sein, den tatsächlichen Vorgesetzten über das Teilnehmerverhalten zu informieren.

Zur Prävention

Ist einem Leiter Pünktlichkeit sehr wichtig, kann es für ihn hilfreich sein, das Thema zu Beginn des Seminars anzusprechen. Der Trainer sollte dann erläutern, auf welche Weise sich Unpünktlichkeit auf die Gruppe und auf die Durchführung des Seminars auswirkt, und bereits in diesem Rahmen klären, wie er mit zu spät kommenden Teilnehmern umgehen wird – zum Beispiel, dass er nicht auf sie wartet und sie sich in der ersten Pause darüber informieren müssen, was sie versäumt haben.

In den bisher dargestellten Fällen von Unpünktlichkeit sind die Trainer von einer zugrunde liegenden Absicht des Teilnehmers ausgegangen und haben das Verhalten als Testen interpretiert. Nach dem Modell von Schulz von Thun haben die Teilnehmer die «Souveränität und die Standfestigkeit» der Trainer auf die Probe gestellt.

Allerdings darf das Zuspätkommen von Teilnehmern nicht immer mit einem Trainertest gleichgesetzt werden. Manchmal liegt die Verspätung auch einfach an der Bahn oder anderen Gründen. Teilnehmer, die sich verspäten, wird es immer geben, sie gehören zum Seminargeschäft «dazu». Wichtig ist, für sich selbst einen sinnvollen Umgang mit dem Thema und entsprechenden Situationen zu finden.

Schwierige Situationen können auch durch vertiefende, bisweilen sogar als bohrend empfundene Fragen der Teilnehmer entstehen. Hierbei handelt es sich um einen typischen Fall von «Kompetenz-Testung». Bei diesen Fragen geht es häufig um detailliertes Sach- und Spezialwissen.

Hier ein Beispiel für eine entsprechende Situation:

Die Muppet-Opas

Olaf Dyckhoff und Harald Grevental, zwei junge Teilnehmer der Fortbildungsreihe zum Versicherungsfachwirt, stellen im Rahmen eines Grundlagenseminars zum Thema Lebensversicherungen sehr spezifische Fachfragen, die weit über das Seminarthema hinausgehen. Die Seminarleiterin Kerstin Isebek hat schnell den Eindruck, dass es sich hierbei um Testfragen handelt. Ihr geht durch den Kopf: «So häufig, wie die beiden nachfragen, und die Details, die sie wissen wollen, das ist wirklich übertrieben. Dies ist ein Grundlagenseminar. Sie müssen schon einen guten Wissensvorsprung haben, um solche Fragen stellen zu können. Bei dem Gekichere, das ihren Fragen vorausgeht, hecken die bestimmt was aus. Vermutlich wollen sie mal abchecken, was ich so draufhabe ...»

Wie würden Sie – in der Rolle der Seminarleitung – hier reagieren?

Frau Isebek versucht zunächst, Herrn Dyckhoff und Herrn Grevental in ihre Schranken zu verweisen: «Diese Fragen gehen weit über den hier vorgesehenen Inhalt hinaus. Wir wollen in diesem Rahmen nur die Grundlagen zum Thema Lebensversicherung besprechen.» Die beiden denken jedoch augenscheinlich nicht daran, aufzuhören. Sie entwickeln geradezu einen Sport daraus, möglichst spezielle und ungewöhnliche Fragen zu stellen. Frau Isebek nimmt die Fragen scherzhaft auf und versucht, die zwei indirekt vorzuführen: «Das ist wirklich eine spannende Frage, und dazu kommt mir eine hervorragende Idee! Zu dem Thema gibt es sehr gute Fachliteratur, die ich Ihnen beim nächsten Mal gerne mitbringe. Damit alle von Ihrem Interesse profitieren können, biete ich Ihnen an, dazu anschließend ein kurzes Fachreferat zu halten. Wichtig wäre dabei, dass Sie diese eher vertiefende und komplexe

Frage so aufbereiten, dass sie auch gut in den Kontext unseres Grundlagenseminars passt und die Kolleginnen und Kollegen, die noch nicht die Gelegenheit hatten, sich so intensiv wie Sie mit der Thematik auseinander zu setzen, den Inhalt auch gut aufnehmen können.»

Daraufhin stellten Herr Dyckhoff und Herr Grevental keine weiteren Fragen.

Reflexion

Im Nachhinein war die Trainerin mit ihrem Vorgehen nicht zufrieden. Sie hat versucht zu verschleiern, dass sie die Fragen nicht beantworten kann, und hatte Angst, mit ihrer Unwissenheit entdeckt zu werden.

● **Ich muss nicht auf jede Frage eine Antwort haben.**

Ein Trainer muss jedoch nicht allwissend sein und auf jede Frage direkt reagieren können. In einem solchen Fall sollte sich der Leiter mit den eigenen Ansprüchen und deren Realisierbarkeit auseinander setzen (siehe auch «Schwierigkeiten im Trainer»).

So kann man's auch machen ...

Klärung suchen

Fühlt sich der Trainer durch wiederholte Detailfragen, die nicht dem Interesse der Gesamtgruppe entsprechen, gestört, kann er die (Arbeits-)Störung ansprechen und eine Klärung suchen. Dabei ist es wichtig, zu verdeutlichen, wie es «mir als Trainer mit Ihnen als Teilnehmer» geht. Der Trainer darf ansprechen, was ihn stört, sollte aber auch den Hintergrund des Teilneh-mers erfragen und versuchen, ihn zu verstehen (siehe auch: «Kompetenter Teilnehmer», Absatz: «Thematisieren»).

An die Fairness appellieren

Eine weitere Möglichkeit ist es, an die Fairness der betreffen-den Teilnehmer zu appellieren und auf den Wissensstand und die Bedürfnisse der Gruppe hinzuweisen. Gerade bei Fachsemi-naren wird häufig von Spezialfragen berichtet, die nur einen oder wenige Teilnehmer interessieren und bei deren Beantwor-tung sich der Rest der Gruppe ab einem gewissen Punkt inner-lich verabschiedet. Auch hier kann die Gruppe zum Regulativ werden, sodass der Trainer gar nicht selbst eingreifen muss.

Steh zu deinen Lücken

Der Trainer darf durchaus zu den eigenen fachlichen Lücken stehen und sie offen legen. Es ist legitim, zuzugeben, dass man eine sehr spezifische Frage nicht zu beantworten weiß. Der Lei-ter kann dem Teilnehmer anbieten, sich bis zum nächsten Ter-min kundig zu machen und die Antwort nachzuliefern. Auch ein testender Teilnehmer wird eine solche Reaktion nicht als mangelnde Kompetenz, sondern vielmehr als stabilen «Souve-ränitätszahn» auslegen.

Ein Blick von außen

Speziell für Trainer, die von sich wissen, dass sie in Stresssituationen zu schneller Reaktion anstatt zu überlegter Aktion neigen, kann es wertvoll sein, sich eine kurze Auszeit zu nehmen und – wie von außen – auf die Situation zu schauen. Ein solches

● **Auch in schwierigen Situationen bleibt dem Trainer die Wahl, wie er darauf reagiert.**

Innehalten kann verhindern, dass man mit dem Teilnehmer in einen Teufelskreis gerät. Es ist wichtig, zu realisieren, wenn man sich von einem Teilnehmer provoziert fühlt. In diesem Fall muss der Trainer versuchen, den Kreis frühzeitig zu durchbrechen oder besser: erst gar nicht auf das Spiel (der Provokation) einzugehen. Man kann zwar nicht verhindern, was die Teilnehmer tun, aber man kann immer entscheiden, wie man selbst darauf reagiert.

Sachlich vor emotional

In «Test-Situationen» ist es für viele Trainer von entscheidender Bedeutung, in erster Linie sachlich zu reagieren. Damit tragen sie der Tatsache Rechnung, dass es zu einer Solidarisierung der Gruppe mit dem «schwierigen» Teilnehmer kommen kann, wenn der Trainer den Teilnehmer zu emotional angeht. In dem Fall zieht sich der Trainer die Aversion der Gruppe zu, und es gestaltet sich im weiteren Seminarverlauf schwierig, wieder eine gute gemeinsame Arbeitsbasis zu finden.

Fragen haben einen positiven Hintergrund

Fragen haben häufig auch einen positiven Hintergrund. Der Trainer kann sich durchaus dafür entscheiden, diesen Aspekt wahrzunehmen und dar-

● **Jede Frage bedeutet Interesse.**

auf zu reagieren. Hat der Leiter die Möglichkeit, die Fragen zu
beantworten, kann er das Verhalten der betreffenden Person positiv (um)bewerten, indem er sich bewusst macht, dass Fragen
das Thema in den Vordergrund ziehen. Er kann sie aufgreifen
mit: «Das ist eine gute Frage – sie führt uns wieder ins Thema
hinein ...»

Positives Verhalten würdigen, problematische Konsequenzen aufzeigen

Das Verhalten des Teilnehmers würdigen, ohne den Wünschen
des Einzelnen hundertprozentig zu folgen, ist häufig ein Erfolg
versprechender Weg aus dem Dilemma von spezifischen (Ein-
zel-)Fragen. Konkret kann ein solcher Umgang folgendermaßen aussehen: «Ich freue mich über Ihr Interesse, allerdings
muss ich aufpassen, dass wir dadurch nicht vom Thema abkom-
men. Zum Teil sind Ihre Fragen doch sehr spezifisch. Sind Sie
einverstanden, dass ich einige Punkte erst mal offen stehen lasse und sie Ihnen dann in der Pause beantworte?»

Eine weitere Möglichkeit wäre, in dieser Situation die
Gruppe einzubeziehen und zu fragen: «Oder interessiert Sie
das auch?»

Seminarregeln

Mit Hilfe von Seminarregeln und Vereinbarungen zu Beginn kann der Trainer einige «Testgebiete» von vornherein entschärfen. Solche Vereinbarungen können beispielsweise gemeinsam mit den Teilnehmern gesammelt werden: «Was ist mir für dieses Seminar wichtig? Wie wollen wir hier miteinander umgehen? Worauf wollen/sollen wir achten?» Kommt ein Teilnehmer zu spät, stellt er zu spezielle Detailfragen oder wird er zum Dauerredner, kann der Trainer, der sich ebenfalls an der Aufstellung der Regeln beteiligt hat, auf diese verweisen. Damit hat der Trainer auf der einen Seite eine gute Alternative für den Umgang mit testenden Teilnehmern hinzugewonnen. Auf der anderen Seite wird es erfahrungsgemäß seltener zu den entsprechenden «Testungen» und Regelüberschreitungen kommen, da die Teilnehmer bereits durch die gemeinsame Aufstellung der Vereinbarungen sensibilisiert sind.

Nicht alles persönlich nehmen, Humor zeigen

Es kann zu Situationen kommen, in denen Teilnehmer die Unterschiede zwischen sich und dem Leiter bewusst herausstellen, um auszutesten, wie der Trainer reagiert, ob er gleich «klein beigibt» oder ob man ihn nicht so leicht erschrecken kann. Folgendes Beispiel eignet sich zur Illustration:

Ein Trainer leitet ein Seminar mit gewerblichen Teilnehmern, die ihn in der Vorstellungsrunde mit der Frage «Haben Sie überhaupt schon mal richtig gearbeitet?» konfrontierten. In einem solchen Fall hat der Leiter verschiedene Reaktionen zur Auswahl. Er kann sachlich antworten und von seinen bisherigen Tätigkeiten berichten. Außerdem könnte er hinterfragen, was der Betreffende genau unter Arbeiten versteht, wie er Arbeit definiert. Als Trainer muss man solche Angriffe nicht immer ganz ernst oder persönlich nehmen. Häufig sind sie nicht so gemeint, wie sie zunächst wahrgenommen werden. Es kann in solchen Fällen hilfreich sein, sich den Hintergrund des Fragenden bewusst zu machen. Vielleicht will er nur etwas mehr Aufmerksamkeit vom Trainer und ein paar Lacher von seinen Kollegen ernten.

In manchen schwierigen Situationen kann Humor, wohl dosiert eingesetzt, dazu beitragen, die Situation aufzulockern. Hier könnte der Trainer mit einem Scherz auf die Provokation eingehen, indem er bspw. antwortet: «Gearbeitet? Nein, natürlich habe ich noch nie richtig gearbeitet … Zwar vertreibe ich mir hin und wieder mal die Zeit in der Firma, aber richtige Arbeit, nein, das mache ich nicht!» Mit dem entsprechenden – nicht aggressiven – Ton kann eine demonstrativ selbstironische Haltung dazu beitragen, Barrieren zu überwinden. Hierbei ist entscheidend, dass der Trainer deutlich macht, dass er über sich selber lachen kann – das schafft Sympathien.

Allerdings ist es wichtig, einer Sache nur dann mit Humor zu begegnen, wenn es der eigenen Persönlichkeit entspricht und atmosphärisch keinen Schaden anrichtet. Wenn der Trainer den Teilnehmern durch seine Scherze das Gefühl vermittelt, dass er sie nicht ernst nimmt, oder wenn er dadurch seine Souveränität verliert, ist dringend davon abzuraten. Deplatzierter Humor richtet mehr Schaden an, als dass er hilft. Der Einsatz von Humor sollte also sowohl dem Wesen des Trainers entsprechen als auch den Anforderungen der Situation. Darüber hinaus kommt es dann auf die richtige Dosierung an. Wird dies alles berücksichtigt, kann Humor ein wertvolles Instrument zur Entschärfung und Bewältigung von schwierigen Situationen sein.

Generell gilt: Bei den beschriebenen Handlungsalternativen handelt es sich um Anregungen, wie der einzelne Trainer auf testendes Verhalten der Teilnehmer reagieren kann. Natürlich hängt dies auch immer davon ab, wie der Leiter die aktuelle Situation wahrnimmt und wie sich seine Beziehung zu der jeweiligen Gruppe gestaltet.

Checkliste: Testen

- Ist es möglich, einige Testgebiete, z. B. unter Zuhilfenahme von Seminarregeln, bereits zu Beginn zu klären?
- (Wie) Kann ich den Test des Teilnehmers inhaltlich aufnehmen und nutzen, z. B. indem ich Analogien zum Berufsalltag der Teilnehmer herstelle oder das Thema in die Gruppe gebe?
- Geht es hier um ein für mich persönlich brisantes Thema? Muss ich darauf achten, meine Emotionen zu zügeln?
- Stört mich das Verhalten des Teilnehmers in meiner Arbeit?
- Ist es angebracht, meine Arbeitsstörung anzusprechen? Bin ich ohne eine Klärung weiterhin arbeitsfähig?
- Geht es wirklich um mich persönlich, oder hat der Teilnehmer andere Gründe für sein Verhalten?
- Wie sieht die Situation von außen betrachtet aus? Spiele ich das Spiel des Teilnehmers mit? Geraten wir in einen Teufelskreis?
- Was kann ich tun, um den Kreis zu durchbrechen?

■ 4.2   Abwertung – Antipathie

Sieht der Trainer sich oder die von ihm vermittelten Inhalte durch einen Teilnehmer abgewertet, ist eine schwierige Situation vorprogrammiert. Unter Abwertung ist ein Verhalten zu verstehen, das von störenden Kommentaren bis hin zur offenen Ablehnung variieren kann. Häufig geht mit der Wahrnehmung der Abwertung eine Antipathie gegenüber dem Teilnehmer einher. Es gibt natürlich auch Fälle, in denen einem Leiter ein Gruppenmitglied unsympathisch ist, ohne dass diese Person ein abwertendes Verhalten an den Tag legt. Diese Situationen stehen hier jedoch nicht im Vordergrund. Im folgenden Beispiel äußern sich zwei Teilnehmer fortwährend negativ über die Seminarinhalte:

Die Störenfriede

Im Rahmen eines Führungskräfteseminars für Banker wird das Thema «Kooperatives Führen» als neuer Baustein in die unternehmensinterne Fortbildung eingeführt. Der Trainer Hanno Kreuzer arbeitet hierfür in erster Linie mit Rollenspielen und Feedback. An der Veranstaltung nehmen zwei «gestandene» Niederlassungsleiter – Herr Schmidt und Herr Henning – teil. Die beiden erklären von Beginn an, dass das vorgeschlagene Vorgehen zum kooperativen Führen nicht umsetzbar ist: «Das geht nicht!» – «Das ist doch weg von der Praxis!» – «Quatsch! Was soll das überhaupt?» – «Wir machen das im Tagesgeschäft alles anders.» Kommentare dieser Art häufen sich. Zudem sind Herr Schmidt und Herr Henning nicht bereit, sich etwas Neues anzuhören und bei den Übungen mitzumachen.

Wie würden Sie – in der Rolle der Seminarleitung – jetzt reagieren?

Herr Kreuzer reagiert zunächst nur kurz: «Können Sie mal ruhig sein? Gibt es noch irgendeine Frage, ist noch etwas unklar?» Das Verhalten der Teilnehmer ändert sich jedoch nicht. Auf den x-ten Einwand antwortet er: «Ich suche hier nicht mit Ihnen gemeinsam nach Problemen, ich suche Lösungen. Jetzt wissen wir alles, was nicht geht, und nun kümmern wir uns mal um die andere Seite und schauen, was wir tun müssen, damit es eben doch funktioniert!?»

Herr Schmidt und Herr Henning sind daraufhin ruhig, aber dieser Zustand hält nur für kurze Zeit an. Der Trainer versucht daraufhin, Herrn Schmidt und Herrn Henning zu spiegeln, wie sie auf ihn wirken: «Ich habe den Eindruck, dass Sie jede neue Anregung, die hier im Seminar thematisiert und geübt werden soll, ablehnen. Sie haben bereits viele Jahre Führungserfahrung, und das könnte in diesem Rahmen sehr wertvoll sein! Schwierig ist allerdings, dass Sie Ihre Erfahrung als einzige Wahrheit verkaufen und anscheinend nicht bereit sind, auch mal etwas Neues zu lernen. Dieses Konzept zu betrachten und Ihre Erfahrungen hinzuzuziehen wäre sicher für alle interessant und lehrreich. Mit Ihrer negativen Haltung ist aber kein Lernen voneinander möglich – weder für Sie noch für die anderen Teilnehmer.» Herr Kreuzer will die beiden Teilnehmer dazu anregen, über sich und ihr Verhalten nachzudenken, und sie dazu bewegen, sich auf das Thema einzulassen.

In der Pause nimmt Herr Kreuzer sie noch einmal zur Seite: «Müssen Sie dauernd stören? Alles, was von Ihnen kommt, ist ausschließlich negativ, das stört hier wirklich sehr!» Danach verhalten sich die beiden Teilnehmer zwar nicht konstruktiv, aber ruhiger.

Reflexion

In diesem Fall spielten verschiedene Komponenten eine Rolle. Zum einen haben sich die Teilnehmer nicht freiwillig für das Seminar angemeldet. Zum anderen handelte es sich um ein neues, ungewohntes Thema. Das wurde unter anderem auch daran deutlich, dass sich die beiden Teilnehmer z. B. bei Rollenspielen sehr schwer taten. Gerade mit Personen, die sich in einem Seminar darauf fokussieren, Bedenken zu formulieren und Argumente zu finden, die gegen eine Umsetzung des Inhaltes sprechen, ist es wichtig, die Frage in den Vordergrund zu stellen: «Und woran können wir etwas ändern?» Die Aufmerksamkeit sollte demnach nicht auf all die ungelösten Probleme, sondern auf die eigenen Einfluss- und Lösungsmöglichkeiten gelenkt werden.

So kann man's auch machen ...

Für schwierige Situationen mit «abwertenden» Teilnehmern gelten ebenfalls Umgangsmöglichkeiten wie z. B.: Aktiv zuhören und die Teilnehmer ernst nehmen (siehe «Schwieriger Globe»), Die eigenen Störungen ernst nehmen und thematisieren (siehe «Schwieriger Globe für den Trainer») und Die Gruppe als Regulativ (siehe «Seminarleitung testen»).

Bedenken aufnehmen, Gründe suchen

Teilnehmer haben (häufig gute) Gründe für ihr «schwieriges» Verhalten. Es kann daher hilfreich sein, Randbemerkungen und negative Äußerun-

● Einen Teilnehmer nicht zu mögen kann bedeuten, ihn noch nicht richtig verstanden zu haben!

gen der Teilnehmer ernst zu nehmen und zu hinterfragen. Dabei können verschiedene Blickwinkel eingenommen werden. Auf der einen Seite ist ein schwieriger Trainingsteilnehmer an einem Konflikt beteiligt und gestaltet damit die Beziehung zum Trainer kritisch. Auf der anderen Seite spricht er vielleicht – wenn auch nicht angemessen – ein grundlegendes inhaltliches Problem an, das es zu klären gilt. Der Trainer sollte im «schwierigen» Verhalten nach den Bedenken und Gründen des Teilnehmers suchen. Daraus kann sich folgende Handlung ableiten: Der Trainer bemüht sich einerseits, das Thema und die Bemerkungen inhaltlich aufzunehmen und an passender Stelle zu klären. Andererseits sollte der Trainer denjenigen, der die Kritik geäußert hat, auch in die Pflicht nehmen, indem er ihn z. B. auffordert, das neue Verhalten im Seminar zumindest selbst einmal auszuprobieren.

Offene Fragen stellen ...

Wie kann das Ergründen der Probleme des Teilnehmers konkret aussehen? Der Leiter hat zum Beispiel die Möglichkeit, offene Fragen zu stellen, Interesse zu zeigen und aktiv zuzuhören. Häufig ist dem Teilnehmer damit schon der Wind aus den Segeln genommen. Hier ein Beispiel: «Erzählen Sie doch mal, warum das nicht geht ... Ich bin überrascht, dass Sie diesbezüglich so viele Bedenken haben, beschreiben Sie das doch mal etwas näher ...» Mündet das aktive Zuhören in eine pointierte Zusammenfassung des Gehörten, kann es durch eine Visualisierung* – «Ach, so sehen Sie das ...» – hilfreich unterstützt werden.

Blitzlicht

Eine kurze Stimmungsabfrage zwischendurch bietet zudem Raum für kritische Anmerkungen. Je nach Bedarf kann der Trainer anschließend darauf reagieren.

Eine solche Runde gibt nicht nur dem kritischen Teilnehmer Gelegenheit, Bedenken zu äußern, sondern ermöglicht auch anderen Teilnehmern, auf das Gesagte einzugehen. Häufig reguliert die Gruppe sich dann selbst.

Fragen aufwerfen, die Interesse wecken

Eine Abwertung kann nicht nur im Rahmen eines Seminars, sondern schon bei der Vorstellung eines neuen Konzepts erfolgen. Insbesondere interne Trainer wissen von dem Problem zu berichten, dass Ideen für Fortbildungsmaßnahmen von den entsprechenden Führungskräften häufig bereits im Vorfeld – ohne hinreichend vorhandene Kenntnis und Information – kritisiert werden.

Hier ein Beispiel:

Der Trainer möchte die Führungskräfte für ein Seminar zu dem Thema «Selbstorganisation am Arbeitsplatz» gewinnen. Da er der Meinung ist, dass die «Chefs» wissen sollten, was die Teilnehmer lernen und umsetzen sollen, legt er ihnen nahe, nicht nur ihre Mitarbeiter für das Seminar anzumelden, sondern auch selbst daran teilzunehmen. Eine Führungskraft antwortet daraufhin: «Ich bin 55 Jahre alt, und ich weiß sehr genau, wie man einen Terminkalender umblättert.» Der Trainer entgegnet: «Ich glaube, ich muss hier noch einiges klären. Es geht sicherlich nicht darum, wie man einen Terminkalender umblättert, sondern darum, zu analysieren, wie wir arbeiten, und zu hinterfragen, wie effektiv unsere Arbeitsprozesse sind. Wo haben Sie und Ihre Mitarbeiter Ihre Zeitfresser, die Ihre Produktivität einschränken? Wie können Sie durch effektivere Organisation Geld und Zeit sparen?» Der Trainer stellt seinem Gegenüber eine Frage, ohne eine Antwort haben zu wollen. Es geht ihm darum, die Führungskraft zum Nachdenken zu bringen. Wenn bei der betreffenden Person auf diese Weise Interesse geweckt wird und diese sich vorstellen kann, zu den aufgeworfenen Fragen in dem Seminar Antworten zu finden, hat der Trainer sie trotz ihrer Bedenken ins Boot geholt.

Distanz bei eigenen Konzepten

Für Probleme mit abwertenden wie auch mit testenden Teilnehmern gilt der Grundsatz: «Nimm nicht alles persönlich!» Das ist jedoch leichter gesagt als getan, speziell wenn die Inhalte, die von der entsprechenden Person kritisiert werden, vom Trainer selbst konzipiert wurden. In solchen Fällen sind die Leiter – verständlicherweise – Kritik gegenüber sehr empfindlich. Es kann hilfreich sein, sich diese Tatsache bewusst zu machen und zu versuchen, die eigenen Reaktionen vor diesem Hintergrund zu relativieren. Einige Trainer überlassen die konzeptionelle Vorstellung einer Maßnahme, die ihnen persönlich viel bedeutet, prophylaktisch einem anderen Beteiligten – z. B. dem Ko-Trainer, einem anderen Arbeitsgruppenmitglied oder einem internen Trainer, sofern sie selbst als Externe tätig sind –, um das Konzept von der eigenen Subjektivität zu befreien.

Abwehrhaltung

Hinter einem inhaltlichen Angriff in der Seminarsituation kann der Versuch liegen, ein neues (Führungs-)Instrument abzuwehren. Hinterfragt der Trainer die Bedenken des Teilnehmers an dieser Stelle, wird u. U. deutlich, dass das Gegenüber Angst vor dem Instrument bzw. vor seiner Anwendung hat. Zum Beispiel kann in einem Seminar mit Führungskräften zum Mitarbeitergespräch der Gegenwind eines Teilnehmers daher rühren, dass er schon lange keine Mitarbeitergespräche mehr geführt hat und er nach der Einführung des Instrumentes bzw. der Methode wieder dieser Situation ausgesetzt sein würde. Aber Vorsicht mit Interpretationen! Der Trainer darf keiner Übertragung* «aufsitzen», sondern sollte seine Vermutung zunächst überprüfen.

Bitte um Zeit

Häufig stoßen Trainer auf Ablehnung vonseiten der Teilnehmer, weil diese den Eindruck haben, in dem Seminar nichts Neues zu lernen, und befürchten, ihre «kostbare» Zeit zu verschwenden. Das kann dazu führen, dass die betreffenden Teilnehmer – insbesondere dann, wenn sie nicht freiwillig an dem Seminar teilnehmen – sich frühzeitig «ausklinken» und so tatsächlich nichts aus dem Seminar mitnehmen. Damit hätten sich dann ihre bereits zu Beginn geäußerten Bedenken bestätigt.

Merkt ein Trainer, dass diese Überlegungen die Ursache für das abwertende Verhalten des Teilnehmers sind, kann er ihn bei seinem nächsten Kommentar darauf ansprechen. Vielleicht bittet der Leiter ihn explizit, ihm und sich selbst noch etwas Zeit zu geben und trotz seiner kritischen Einstellung «dabeizubleiben».

Mehr Erklärungen

Ein anderer Grund für das ablehnende Verhalten liegt möglicherweise darin, dass dem Teilnehmer die Essenz des Gesagten noch nicht klar geworden ist und er seine Unsicherheit bzw. Unwissenheit mit negativen Bemerkungen überspielt. In diesem Fall kann es bereits von Nutzen sein, noch einmal einen Schritt zurückzugehen und dem Teilnehmer weitere Erklärungen anzubieten. «Mir ist dieser Punkt wichtig, daher gehe ich jetzt noch einmal darauf ein.»

Die Offensive

Geht ein Teilnehmer mit abwertenden Aussagen wirklich einmal zu weit, muss der Trainer Grenzen setzen. Manche Leiter konfrontieren die Teilnehmer zwar mit dem, was sie tun, nicht aber mit dem, was sie bei dem Leiter auslösen. Darüber, ob dies sinnvoll ist, gehen die Meinungen auseinander. Einige Trainer vertreten die Ansicht, dass der Teilnehmer auch erfahren sollte, was er mit seinem Verhalten beim Leiter bewirkt.

Der Trainer sollte in einem solchen Fall deutlich machen, warum er den Teilnehmer konfrontiert, und ihn an einer (Auf-)Lösung der Situation beteiligen, d. h. den konstruktiven Dialog mit dem Teilnehmer wieder aufnehmen. Die Einleitung sollte hierbei klar formuliert werden, z. B.: «Das geht mir jetzt wirklich gegen den Strich . . . !»

Emotionen würdigen

Trainer sind auch «nur» Menschen. Sie haben einzelnen Teilnehmern gegenüber positive wie negative Gefühle. Es ist wichtig, diese zunächst zu akzeptieren, auch wenn sie im Rahmen des Seminars häufig keinen Ausdruck finden dürfen. Zwar bewegt sich der Trainer im beruflichen Kontext, doch trotzdem ist er nicht gegen persönliche Empfindungen immun. Darüber hinaus ist es sogar wichtig, dass ein Seminarleiter sensibel für die eigenen Empfindungen ist. Wäre er es nicht, würde er viele Ebenen des realen Geschehens nicht wahrnehmen und sich selbst von vielen authentischen Gefühlen ausschließen, die für eine gute Seminarleitung oft von entscheidender Bedeutung sind.

Akzeptiert der Trainer die eigenen Empfindungen, kann er bewusst mit ihnen umgehen und entscheiden, wie er (re)-agiert. Er hat dann die Gefühle im Griff – nicht die Gefühle ihn.

Trenne die Sach- und die Beziehungsebene

Wird ein Trainer in unangemessener Weise von einem Teilnehmer angegangen, empfiehlt es sich, zuerst die Beziehungsebene, die ohnehin in dem Moment innerlich zuoberst liegt, anzusprechen: «Ich will dazu gleich inhaltlich etwas sagen, aber vorher muss ich klarstellen: Der Ton, in dem Sie das sagen, ist mir sehr unangenehm, er geht gegen meine Ehre. Ich empfinde es als Unverschämtheit, wie Sie meine Leitung kommentieren. Und nun zur Sache: ... » Anschließend ist es wichtig, trotz der schwierigen persönlichen Situation in Kontakt mit dem Teilnehmer zu bleiben und z. B. gezielt nachzufragen: «Jetzt möchte ich gerne wissen, wie Sie darauf reagieren!»

Die Definitionsfreiheit des Trainers nutzen: Umdeuten (Reframing*)

Vor allem in Bezug auf schwierige Teilnehmer ist dieser Aspekt von großer Bedeutung. In Situationen, in denen der Leiter sich angegriffen fühlt, fällt es ihm häufig schwer, die Beziehung zu dem Teilnehmer bewusst und selbstbestimmt zu definieren. Doch genau das beschreiben viele Trainer als erstrebenswertes Ziel für den Umgang mit solchen Problemen. Egal, wie sich Teilnehmer verhalten, man hat immer noch die Freiheit zu überlegen, wie man selbst damit umgeht. Anders gesagt, ist es die Kunst, trotz einer schwierigen Situation in eine aktive Rolle zu gehen und die Beziehung zu dem Teilnehmer selbst zu definieren, sich die Beziehung also nicht nur durch den Teilnehmer definieren zu lassen.

Die Definitionsfreiheit kann sich z. B. in der Grundhaltung des Trainers widerspiegeln: Die schwierigen Teilnehmer sind besonders zu schätzen, da sie zum Ausdruck bringen, wo das «System» Probleme hat. Häufig sind sie eine Fundgrube für Lösungen von Knackpunkten, die die Organisation kennzeichnen. Wenn sich diese Teilnehmer gehört fühlen, arbeiten sie meist sehr gut mit.

Wird der Leiter mit Vorinformationen und Vorurteilen, die über einen Teilnehmer in Umlauf sind, konfrontiert, kann es für ihn ebenfalls hilfreich sein, sich die eigene Definitionsfreiheit bewusst zu machen. Gehen wir beispielsweise davon aus, dass einer Person der Ruf eines «kritischen Teilnehmers» vorauseilt, hat der Trainer die Möglichkeit, die «negative» Eigenschaft positiv im Sinn von «Den kann ich fordern» umzudeuten. Auf diese Weise kann der Leiter dem Teilnehmer ausgeglichen(er) und neutraler begegnen.

● **Schwierige Teilnehmer sind häufig eine Fundgrube für Knackpunkte des Systems.**

Übertragung*?

Stellen Sie als Trainer fest, dass Sie mit einem Teilnehmer Schwierigkeiten haben, ist es ratsam, zu prüfen, ob diese Person Sie an jemanden erinnert.

● **Niemand ist vor Projektionen gefeit.**

Es ist wichtig, möglichst früh festzustellen, ob es sich bei dem Problem um eine Übertragung von früheren Erfahrungen mit einer anderen Person auf den aktuellen Teilnehmer handelt. Projizieren Sie vielleicht ein Verhalten und dessen Gründe – von sich oder einer anderen Person, die Sie kennen – auf Ihr Gegenüber? Ist diese Frage geklärt, fällt es dem Trainer leichter, den Teilnehmer nicht in eine vorgefertigte Schublade zu stecken.

In diesem Zusammenhang – und nicht nur bei Übertragungen! – ist auch die Vorbildfunktion des Leiters zu erwähnen: Wie gehe ich als Leiter mit Störungen um? Es ist wichtig, sich dem Setting* entsprechend professionell zu verhalten.

Die eigenen Ansprüche relativieren

Viele Trainer wollen sich genau auf die Situationen mit schwierigen Teilnehmern vorbereiten und so professionell und schlagfertig wie möglich damit umgehen. Dieser «hausgemachte» Erfolgsdruck führt häufig nicht nur zu einer Lähmung in der Si-

● **Wenn jemand gerade sein Schlechtestes gegeben hat, muss man selbst nicht das Beste geben.**

tuation, sodass der Leiter seine Handlungsfähigkeit (und häufig auch seine Definitions- und Wahlfreiheit) verliert, sondern auch zu einer Unzufriedenheit im Anschluss an die Situation.

Wir alle kennen die Situationen, in denen uns im Nachhinein viel bessere Entgegnungen und Antworten einfallen. Hier kann es helfen, bereits prophylaktisch die eigenen Ansprüche zu relativieren und von sich selbst nicht immer die perfekte Reaktion zu erwarten.

Checkliste: Abwertung/Antipathie

- Ist das Verhalten des Teilnehmers tatsächlich abwertend?
- Warum verhält sich der Teilnehmer abwertend?
- Was könnten seine Hintergründe sein?
- Braucht der Teilnehmer vielleicht nur eine weitere Erklärung oder mehr Aufmerksamkeit?
- Kann ich ihn direkt fragen, oder sollte ich ihn zunächst mit seinen Bedenken akzeptieren und ihm eine rhetorische Frage anbieten, um sein Interesse zu wecken?
- Habe ich mich bisher darum bemüht, den Teilnehmer wirklich zu verstehen, ihm aktiv zugehört, offene Fragen gestellt etc.?
- Reagiere ich sensibel auf das betreffende Thema, bzw. handelt es sich um eine eigene «Kerbe»?
- Bin ich selbst zu stark involviert? Geht es hier um mein eigenes Konzept, das ich kritisiert sehe?
- Ist die Abwertung zu persönlich? Wie kann ich Grenzen setzen, um mich selbst zu schützen?
- Reicht es aus, wenn ich den Teilnehmer mit seinen Bedenken bemerke und um etwas Geduld bitte?
- Ist es angebracht, die Störung auf der Metaebene* anzusprechen?
- Reicht es, dem Teilnehmer im Rahmen eines Blitzlichts* Raum zu geben?
- Erinnert der Teilnehmer mich an jemanden? Handelt es sich bei meiner Reaktion auf ihn/sie eventuell um eine Übertragung/Projektion*?

Wird durch meine Haltung deutlich, dass mir die Person unsympathisch ist?

Handelt es sich bei den Äußerungen des Teilnehmers um Reaktionen auf mein Verhalten?

■ 4.3 Lähmende Führungskräfte oder: Wenn der schwierige Teilnehmer eine Führungskraft ist ...

Handelt es sich bei einem schwierigen Teilnehmer um eine Führungskraft, die zusammen mit ihren Mitarbeitern an einem Seminar teilnimmt, bekommt die Situation eine besondere Brisanz. Insbesondere in Umbruchsituationen und daraus resultierenden Fortbildungsveranstaltungen für Führungskräfte und ihre Teams kann dieser Aspekt für den Trainer von Bedeutung sein. Nehmen diese Personen zudem nicht freiwillig an dem Seminar teil, kommt es gelegentlich dazu, dass auch und vor allem die Führungskräfte die Seminarprozesse zu bremsen bzw. zu lähmen scheinen. Gerade schwierige Situationen mit einzelnen Führungskräften weisen meist auf kritische Punkte im System hin. Häufig handelt es sich hierbei um unrealistische Vorstellungen der Unternehmensleitung bzw. der Entscheidungsträger, die via Training umgesetzt werden sollen. Führungskräfte – insbesondere der mittleren Führungsebene – sehen solche Veränderungen und deren Realisierungschancen oft kritisch und bieten daher ein gutes Gegengewicht zu allzu großen Veränderungsschritten, die oben geplant und unten nicht umgesetzt werden. Folgendes Beispiel kann hier zur Verdeutlichung dienen:

Sieben auf einen Streich

Lydia Domspatz führt eine Seminarreihe zum Thema «Kooperatives Lernen» in einem industriellen Fertigungsunternehmen durch. Teilnehmer sind die Mitglieder eines teilautonomen Teams und deren Führungskraft. Insgesamt sind 20 Seminare mit verschiedenen Arbeitsgruppen geplant. Den Auftrag bekam das Trainingsinstitut, für das Frau Domspatz arbeitet, von der Unternehmensleitung, die die Zusammenarbeit und das Lernen auf Teamebene gestärkt sehen möchte. Dementsprechend nehmen weder die Mitglieder der Arbeitsgruppe noch die verantwortliche Führungskraft aus eigenem Interesse an dem Seminar teil. Das Team arbeitet dennoch gut an den gemeinsamen Themen und zeigt deutlich, dass diese Art der Kooperation fern vom Arbeitsalltag wünschenswert und hilfreich ist. Frau Domspatz beobachtet im Laufe des ersten Tages jedoch, wie sich Herr Reinhard, der Teamleiter, zunehmend zurückzieht und einen stark demotivierten Eindruck macht, was sich folgendermaßen ausdrückt: «Natürlich ist das hier alles sehr sinnvoll. Es hilft bestimmt auch dabei, dass die Gruppe zukünftig besser zusammenarbeitet und dass für einen besseren Lerntransfer gesorgt wird; aber haben Sie eine Ahnung, was im Moment gerade bei mir alles auf dem Schreibtisch liegen bleibt, ganz abgesehen davon, was noch hinzukommt?!»

Wie würden Sie – in der Rolle der Seminarleitung – jetzt reagieren?

Frau Domspatz nimmt diese Aussage am Abend des ersten Seminartages im Zwiegespräch noch einmal auf. Es stellt sich heraus, dass Herr Reinhard Leiter von insgesamt sieben teilautonomen Gruppen ist und entsprechend in den nächsten sechs Wochen an sieben zweitägigen Seminaren teilnehmen muss. Frau Domspatz kann nach diesem Gespräch die Haltung des Teamleiters gut verstehen. Am nächsten Tag in der Morgenrunde stellt sie folgenden Vorschlag zur Diskussion:

«Dieses Seminar lebt davon, dass Ihr Team einerseits gemeinsam neue Formen der Zusammenarbeit erlebt und ausprobieren kann und dass andererseits die Gelegenheit da ist, Fragen, die sich in diesem Zusammenhang ergeben oder für deren Diskussion im Fertigungsbetrieb häufig keine Zeit ist, mit der Führungskraft zu klären. Meines Erachtens könnten wir den Verlauf des Seminars entsprechend aufteilen. Wir könnten eineinhalb Tage nutzen, um im Team an der direkten Zusammenarbeit und dem kooperativen Lernen zu arbeiten und währenddessen Fragen und Diskussionspunkte für die abschließenden Gesprächsstunden – mit Ihnen, Herrn Reinhard, als Teamleiter – zu sammeln.» Sie ließ diesen Vorschlag im Teilnehmerkreis diskutieren, und er wurde von allen Seiten befürwortet. Herr Reinhard nahm in den folgenden Veranstaltungen jeweils für einen halben Tag an dem Seminar teil und stand seinen Teams deutlich motivierter und kooperativer Rede und Antwort.

Reflexion

Frau Domspatz ist im Nachhinein der Ansicht, dass sie bei der Auftragsklärung noch genauer hätte nachfragen müssen, wie sich die Teilnehmergruppe zusammensetzt, sodass schon dort die wiederholte Teilnahme der Teamleiter hätte thematisiert werden können. Das Vorgehen, die Führungskraft außerhalb des Seminarrahmens auf ihr Verhalten anzusprechen, war hier der entscheidende Faktor. Erfahrungsgemäß ist es schwierig, ein solches Thema in der Gruppe zu klären, da der Aspekt des «Gesichtwahrens» durch die Vorbildfunktion und die führende Rolle des Teamleiters besonders heikel ist.

So kann man's auch machen ...

Teilnehmerorientierung

Auch hier gilt zunächst das Prinzip der Teilnehmerorientierung. Der Trainer sollte versuchen, die Führungskraft dort «abzuholen, wo sie zurzeit steht». Vielleicht kann er herausfinden, was die Person hemmt und was es ihr erleichtern würde, sich dem Prozess anzuschließen. Gerade Führungspersonen müssen bei Veränderungen ins Boot geholt werden, da sie eine entscheidende Mutiplikatorenfunktion haben.

Mit Vorsicht konfrontieren?

Eine weitere Variante für den Umgang mit lähmenden Führungskräften in Seminarsituationen kann das Konfrontieren sein. Das heißt, hier macht der Trainer die Person im Zweiergespräch oder evtl. auch im Rahmen des Seminars darauf aufmerksam, dass sie den Prozess und gegebenenfalls auch die anderen Teilnehmer hemmt. Diese Intervention ist allerdings mit Vorsicht zu verwenden. Es sollte nicht zu einer Abwertung oder Schuldzuweisung kommen. Im Zweifelsfall ist die Konfrontation im Zweiergespräch vorzuziehen, da der Führungskraft sonst vielleicht ein Gesichtsverlust vor der Gruppe drohen könnte.

Wertequadrat nutzen

Ist die Gruppe beispielsweise in Bezug auf den Veränderungs-
prozess sehr motiviert und die Führungskraft hemmt den Fort-
schritt, kann der Trainer diese Polarisierung mit Hilfe eines Wertequadrates thematisieren, in dem die beiden Tugenden
«Motivation» und «Vorsicht» aufgezeigt werden. Der Leiter hat
die Möglichkeit, auf die anzustrebende Balance und die Entwicklungsrichtungen hinzuweisen. Auf diese Weise werden beide Parteien berücksichtigt und gewürdigt. Durch das verbes-
serte gegenseitige Verständnis kann es leichter zu einer
Annäherung der Positionen kommen.

Ein entsprechendes Wertequadrat* könnte z. B. wie folgt
aussehen:

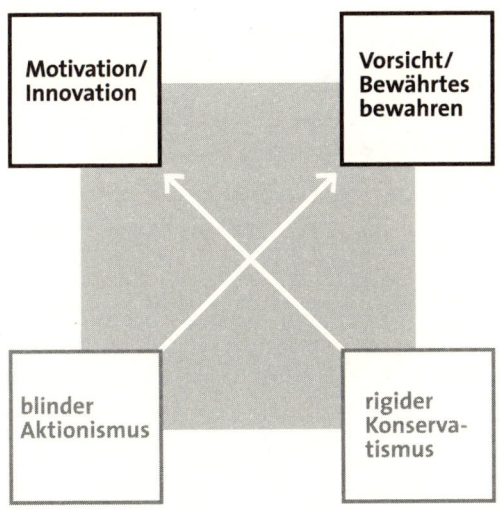

Abb. 5: Wertequadrat Innovation – Bewährtes bewahren

Vorsicht bei eigenen Zielen!

Vorsicht ist geboten, wenn der Trainer selbst ein Ziel mit der Durchführung des Seminars verfolgt. Das kann zum Beispiel der Fall sein, wenn es sich nicht nur um eine Fortbildungsmaßnahme, sondern gleichzeitig um eine Organisationsentwicklung handelt, die vom Trainer betreut wird. In solchen Situationen muss der Trainer zunächst prüfen, ob nur er den Eindruck hat, dass das Verhalten des Teilnehmers die anderen «bremst», oder ob die Gruppe seine Wahrnehmung teilt und ebenfalls im Prozess schneller voranschreiten möchte.

Führungsposition berücksichtigen

Der Leiter hat die Möglichkeit, dem Teilnehmer bewusst den «roten Teppich» auszurollen, indem er die Führungskraft in ihrer Position und Eigenschaft berücksichtigt und würdigt. Zum Beispiel kann der Trainer den Vorgesetzen als Ersten ansprechen, fragen etc.

Konkurrenz und Absprachen

Die Schwierigkeit zwischen Trainer und Führungskraft kann auch in einer Konkurrenz um die Leitungsrolle begründet sein. Ist es möglich, dieses Thema im Dialog anzusprechen, kann der Trainer mit dem Teilnehmer auch konkrete Absprachen treffen, z. B.: «Wenn Sie das Gefühl haben, dass ich Ihnen zu viel Führungsraum wegnehme, weil ich sehr ‹straight› und ‹tough› moderiere, klopfen Sie einfach mit dem Kuli auf den Tisch, und ich werde versuchen, Sie wieder stärker einzubinden.»

Natürlich gilt auch bei Führungskräften, was in Bezug auf andere schwierige Teilnehmer in diesem Kapitel thematisiert wurde.

Checkliste: Lähmende Führungskräfte

- Was hemmt den Teilnehmer?
- Wie kann ich ihm erleichtern, sich dem Prozess anzuschließen?
- Sollte ich den Teilnehmer mit seinem Verhalten konfrontieren, oder besteht die Gefahr, dass er anschließend die Mitarbeit verweigert?
- Ist ein Zweier- oder ein Gruppengespräch angemessen?
- Wie sieht unsere Beziehung aus (Vertrauensbasis)?
- Entsteht in der Gruppe bzw. zwischen der Führungskraft und ihren Mitarbeitern eine Polarisierung? Kann ich diese mit Hilfe des Wertequadrates thematisieren?
- Nehme nur ich das «bremsende» Verhalten des Teilnehmers wahr, oder geht es der Gruppe ebenso?
- Wessen Ziele verfolge ich im Moment?
- Kann ich die Führungskraft durch eine stärkere Berücksichtigung ihrer Position besser in den Prozess mit einbeziehen?
- Handelt es sich um eine Führungspersönlichkeit, die ein Problem mit der Abgabe der Leitung (an mich) hat? Wie kann ich es ihr erleichtern? Können wir diesbezüglich Vereinbarungen treffen?

● 4.4　Außenseiter

Nahezu jeder Trainer kennt die Situation, dass aufgrund der Gruppendynamik ein Teilnehmer im Seminar zum Außenseiter wird. Auch wenn der Leiter die Person nicht – wie die andern Teilnehmer – «sonderbar» oder unsympathisch findet, kann sie für ihn zu einem schwierigen Teilnehmer werden. In solchen Fällen bestimmt die entstehende Dynamik um den ausgegrenzten Teilnehmer die Schwierigkeit der Situation.

Die Büchse der Pandora*

Das Seminar ist Teil einer Ausbildungsreihe für die Auszubildenden eines Handelsunternehmens. Die Seminarleiterin Claudia Abend ist für die Vermittlung der Inhalte zum Thema «Verkauf und Kundenbindung» verantwortlich. Sie arbeitet mit den Auszubildenden des zweiten Lehrjahres an sieben Nachmittagen. Die Gruppe ist sehr heterogen. Die Seminarreihe wird für alle Auszubildenden des gesamten Bundesgebietes veranstaltet, sodass die Teilnehmer aus den verschiedensten Regionen kommen. In der aktuellen Einheit geht es um die Schwerpunkte Kundenbedienung und Wirkung, d. h. Selbstbild versus Fremdbild etc.

　　Die Unterschiede im Wissensstand und Auftreten der einzelnen Teilnehmer werden insbesondere zwischen Claas, einem Auszubildenden, der aus einer kleinen, ländlichen Niederlassung kommt, und drei Mädchen aus München deutlich. Claas ist ein sehr engagierter junger Mann mit hohem Mitteilungsbedürfnis und dem Wunsch, viel zu lernen. Leider hat er die Neigung, sich sehr ausschweifend und kompliziert auszudrücken. Im Lauf des Seminars machen sich die drei Mädchen, die Claas gegenübersitzen, immer auffälliger über ihn lustig, tuscheln und lachen laut, sobald er nur etwas sagt.

Wie würden Sie – als Leitung – reagieren?

Frau Abend nutzt die Gelegenheit in der Pause, um mit Claas das Thema «Wirkung auf andere» noch einmal persönlich anzusprechen: «Claas, was denken Sie, wie Ihr Verhalten auf andere Menschen – seien es Kollegen im Arbeitskontext oder auch andere Jugendliche im privaten Umfeld – wirkt?» Er nimmt das Thema sofort dankbar auf: «Wissen Sie, Frau Abend, das ist wirklich sehr gut, dass Sie das hier ansprechen, denn wissen Sie, darüber haben wir uns in unserer Niederlassung, also, was heißt wir, das haben mir die Ausbilder, insbesondere natürlich der Geschäftsführer und meine Ausbilderin, auch schon gesagt. Also, ich glaube, sie haben das Gleiche gemeint wie Sie jetzt hier, Frau Abend, also die Sache mit der Wirkung und so ... Ich würde ja auch furchtbar gerne daran arbeiten, soweit ich denn an so was arbeiten kann, also arbeiten meine ich jetzt natürlich anders als in der Ausbildung, aber das wissen Sie ja ... Vielleicht können Sie mir als Expertin da ja Sachen sagen, die ich ändern sollte, ich meine, ich weiß ja schon, dass das eine wichtige Sache mit der Wirkung ist und dass ich da was dran machen muss, wenn ich das kann, was meinen Sie?» Frau Abend rät Claas, sich vielleicht im nächsten Abschnitt ein bisschen mehr zurückzunehmen und, wenn er etwas sagen möchte, sich in seinen Aussagen auf das Wesentliche zu konzentrieren.

Reflexion

Die Trainerin hätte das Thema in der Gruppe thematisieren können, wenn sie den Mut gehabt hätte, die «Büchse der Pandora*» zu öffnen. Dabei wäre es angebracht gewesen, den Fokus nicht auf Claas, den Außenseiter, zu legen, sondern vielmehr die drei Mädchen mit ihrem Verhalten und dessen

Wirkung zu konfrontieren. Um die Situation nicht zu explosiv werden zu lassen, wäre es auch möglich gewesen, die drei Mädchen und auch Claas in der Kaffeepause anzusprechen und ihnen die Wirkung ihres Verhaltens deutlich zu machen.

So kann man's auch machen ...

Bombenprophylaxe bei persönlichen Themen

Gerade bei jungen Leuten, die nicht freiwillig an einem Seminar teilnehmen, bietet es sich an, zu Beginn prophylaktisch einige Szenarien zu skizzieren. In der oben geschilderten Situation könnte das beispielsweise so aussehen: «Wir wissen, dass es Situationen gibt, in denen unser Selbstbild davon abweicht, wie wir von anderen wahrgenommen werden. Damit konfrontiert zu werden kann eine schmerzhafte Erfahrung sein. Mir ist es wichtig, dass wir sorgsam damit umgehen, wenn wir hier aufeinander Bezug nehmen.»

Regeln einführen

Im Anschluss an eine solche Einleitung kann es auch hier hilfreich sein, als Trainer die Erarbeitung von Regeln anzuleiten bzw. Dinge einzubringen, die beim Umgang miteinander und insbesondere beim Feedback beachtet werden sollen.

Warnung aussprechen

Machen sich einige Teilnehmer – wie in der Situation oben – über einen anderen offensichtlich lustig, muss der Trainer eindeutige Signale setzen und ggf. eine (Ver-)Warnung aussprechen: «Um hier mit Ihnen arbeiten zu können, muss ich etwas klarstellen. Es geht für mich nicht, dass einige sich über andere lustig machen und mit ihrem Verhalten die anderen nicht nur ablenken, sondern einzelne Teilnehmer auch verletzen. Unter diesen Umständen können wir an dem Thema nicht arbeiten. Überlegen Sie sich, ob Sie wollen, dass wir diesen Teil des Seminars abbrechen und es weniger dicht an Ihren Interessen weiterführen.»

Individuelles Eingehen auf den Außenseiter

Bevor der Trainer den Kampf für den Außenseiter aufnimmt, sollte er in Erfahrung bringen, ob dieser das überhaupt möchte. Er könnte beispielsweise in der Pause fragen: «Stört Sie das Verhalten der anderen? Soll ich etwas unternehmen? Was würde Ihnen helfen, sich in der Situation wieder wohler zu fühlen?» Ist der Teilnehmer zunächst damit überfordert, seine Bedürfnisse zu äußern bzw. zu klären, ob der Trainer ihm in der Situation helfen kann, sollte der Trainer ihm eine Brücke für Nachmeldungen bauen: «Überlegen Sie noch einmal in Ruhe, und wenn Sie möchten, dass ich im Seminar etwas sage oder das Verhalten der anderen anspreche, dann geben Sie mir einfach nochmal kurz Bescheid.»

Klärung mit den Rädelsführern

Fühlt der Leiter sich durch die Gruppendynamik im Verlauf des Seminars nachhaltig gestört, sollte er die Klärung mit den entscheidenden Rädelsführern suchen. Er kann in einer Situation außerhalb der Seminareinheit verdeutlichen, wie ihr Verhalten auf ihn wirkt. Erfahrungsgemäß ist es in einem solchen Gespräch hilfreich, den Ball an die Teilnehmer zurückzuspielen und z. B. zu fragen:

«Ich möchte mit Ihnen eine Verabredung treffen, wie wir sinnvoll mit dieser Situation umgehen können. Was kann ich dazu beitragen, dass Sie sich ruhiger verhalten und wir gemeinsam gut arbeiten können?» Bei Seminaren mit Auszubildenden oder auch in Schulsituationen folgen auf solch eine Frage vielfach unrealistische Forderungen, die der Leiter dann (zurück)spiegeln kann. Im Allgemeinen wird den Teilnehmern mit Hilfe dieser Mediationsmethodik* deutlich, welch paradoxe bzw. absurde Forderung sie (z. B. an den Außenseiter) gestellt haben. Folgender Wortwechsel verdeutlicht dies:

«Stellen Sie den anderen doch ruhig. Wenn er sich nicht so lächerlich macht, müssen wir auch nicht mehr lachen.» – «Was soll ich Ihrer Meinung nach also tun?» – «Sagen Sie es ihm doch einfach.» – «Ich soll also mit ihm reden und ihm sagen, dass er zum Seminar nichts mehr beitragen soll? Das können Sie auch selbst tun. Mich stört er nicht. Ich möchte, dass Sie ruhiger sind. Ihre Aufgabe ist es jetzt, sich stärker zurückzunehmen. In unserem Seminar geht es um Wirkung, hier können Sie nun einmal Ihre Außenwirkung trainieren. Ich gebe Ihnen im Anschluss gerne dazu Feedback.»

Gestaffelte Zurechtweisung der Rädelsführer

Sollte es nach einem solchen Gespräch weiterhin zu Störungen im Seminar kommen, kann der Leiter verdeutlichen, welche Konsequenzen das diskriminierende Verhalten der Teilnehmer haben wird. Eine Bezugnahme auf das Gespräch vor der Gruppe kann die erste Intervention darstellen, eine Zurückweisung des Verhaltens vor der Gruppe die nächste. Dies kann bis zum Ausschluss der Teilnehmer aus dem Seminar gehen und in ein anschließendes Gespräch mit der Führungskraft münden.

Außenseiter unterstützen

Bittet der Außenseiter um die Unterstützung des Trainers, sollte dieser für eine Klärung unter den Beteiligten sorgen. Dies kann z. B. so aussehen, dass der Leiter den «Anführer» der Gruppe und den Außenseiter außerhalb des Seminarkontextes

● **Ohne Auftrag des Außenseiters darf der Trainer ihm nicht helfen.**

zusammenkommen lässt und zunächst Ersteren um eine Stellungnahme zu der Situation bittet. Anschließend wird der Außenseiter gefragt, und daraufhin können Wünsche an das Gegenüber formuliert werden. (Vorsicht: Als Leiter ist man häufig versucht, dem Außenseiter zu sehr zu helfen, und neigt dann dazu, des Guten zu viel zu tun. Aus diesem Grund ist es wichtig, zunächst den «Auftrag» des ausgegrenzten Teilnehmers einzuholen und zu klären, ob er Unterstützung vom Trainer haben möchte.)

Fragt der Leiter nach den Wünschen des ausgegrenzten Teilnehmers, hat er anschließend die Möglichkeit, das Gegenüber zu fragen, ob es sich in der Lage sieht, den Wunsch, z. B. dass nicht mehr über den Außenseiter gelacht wird, zu erfüllen. Eine neutrale Zusammenfassung und Verdeutlichung des Gesagten macht die Situation in der Regel für beide Seiten annehmbarer.

Eigenes Erwartungsmanagement

Für einen Leiter ist es wichtig, sich vor Augen zu führen, was in einer solchen Situation erreicht werden kann und was nicht möglich ist. Eine Gruppendynamik in den Griff zu bekommen ist schwierig. Ohne den «Auftrag» des ausgegrenzten Teilnehmers ist es nahezu unmöglich, die Situation zu klären. Im Allgemeinen erreicht der Trainer keine wirkliche Integration des Außenseiters in die Gruppe. Sich hierüber im Klaren zu sein ist eine wichtige Voraussetzung für das Handeln des Leiters. Er muss akzeptieren können, dass die Gruppe bzw. die Teilgruppe den Außenseiter auch später – nach seiner Intervention – nicht mögen wird. Handlungsleitend sollte im Seminarkontext die Arbeitsfähigkeit der Gruppe und des Einzelnen sein.

Checkliste: Außenseiter

- Welche Regeln oder prophylaktischen Klarstellungen können mir bei der Bearbeitung dieses Seminarthemas bei dieser Zielgruppe helfen?
- Wird die Arbeit im Seminar durch die Ausgrenzung des Teilnehmers nachhaltig gestört?
- Welche Motivation habe ich, das Thema anzugehen? Geht es mir um meine Arbeitsfähigkeit oder darum, dem Außenseiter zu helfen?

- Habe ich zur Thematisierung der Problematik einen «Auftrag»?
- Wer sind die Schlüsselpersonen, die ich in eine Klärung einbinden muss?
- Wie lange kennt sich die Gruppe bereits? Habe ich es hier mit eingefahrenen Verhaltensmustern zu tun, oder ist die Dynamik gerade erst im Entstehen?
- Traue ich mir eine Klärung vor der Gruppe zu?
- Bietet sich eine Verbindung mit dem Thema an?
- Was kann ich tun, um für mich eine gute Arbeitsatmosphäre in dieser Gruppe herzustellen?
- Wie stehe ich selbst zu dem Außenseiter?
- Welche Art der Intervention ist hier angebracht (von einer Vermittlung/Mediation* bis zur ernsthaften Verwarnung)?

5. Die schwierige Teilnehmergruppe

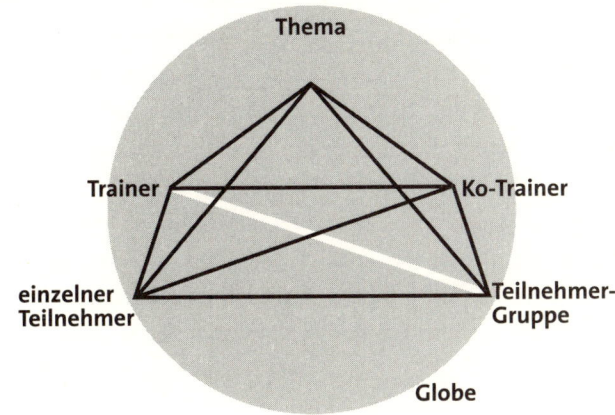

Es kommt vor, dass der Trainer mehrere Teilnehmer oder sogar eine ganze Gruppe als schwierig erlebt. Die Ursachen können denen aus dem Kapitel «Der schwierige Teilnehmer» ähneln, die beim Trainer ausgelösten Gefühle und Reaktionen sowie die Auswirkungen auf das Training sind jedoch unterschiedlich.

In diesem Kapitel unterscheiden wir vier verschiedene Schwierigkeitstypen: Fundamentalkritik, Konträre Erwartungshaltungen, Passive Gruppe und Tränen im Seminar. Im Zusammenhang mit der passiven Gruppe gehen wir ebenfalls auf den Fall ein, dass eine Gruppe zu einem Seminar «zwangsverpflichtet» wird und somit unfreiwillig teilnimmt.

● 5.1 Fundamentalkritik

Hier finden sich Situationen wieder, in denen der Trainer das Gefühl hat, dass das Seminar «im Ansatz verdorben» ist und dass die Teilnehmer den Trainern von Seminarbeginn an ablehnend gegenüberstehen. Solche Situationen sind Einzel- und Extremfälle. Es lohnt sich jedoch, die Ereignisse einer solchen Situation näher zu betrachten. Auch in diesem Fall besteht die Möglichkeit, Verhaltensalternativen aufzuzeigen. Diese Kenntnis mag den einen oder anderen Trainer ruhiger und sicherer in ein Seminar gehen lassen. In der folgenden Beispielsituation liegt der Schwerpunkt auf dem Umgang mit einer solchen Fundamentalkritik:

Farbe bekennen hilft tatsächlich

Katja Ehlers und Burkhard Schmidt sind zwei junge Trainer, Anfang 30, die in einer «Train-the-Trainer»-Ausbildung ein Seminar durchführen. Die Teilnehmenden sind folglich ebenfalls alle Trainer, arbeiten in der freien Wirtschaft und sind größtenteils um einiges älter als Frau Ehlers und Herr Schmidt. Solch ein Seminar führen die beiden Trainer zum ersten Mal durch. Bereits zu Beginn haben sie mit Akzeptanzschwierigkeiten zu kämpfen. Sie fühlen sich zunehmend unsicherer und unwohl. Am zweiten Tag der insgesamt viertägigen Veranstaltung führen sie eine Morgenrunde ein, einen metakommunikatorischen Austausch über den Seminarverlauf. Ein Teilnehmer äußert sich in diesem Rahmen mit einem sehr scharfen und aggressiven Ton: «So geht das hier nicht, ich habe sehr viel Geld für die paar Tage gezahlt, und ich gucke hier zwei Anfängern beim Lernen zu!» Dieser Satz trifft die schlimmsten Befürchtungen und Ängste der zwei Trainer.

Wie würden Sie – in der Rolle der Seminarleitung –
jetzt reagieren?

Frau Ehlers äußert sich folgendermaßen: «Es stimmt, Sie haben viel Geld bezahlt. Und es stimmt, Sie gucken uns beim Lernen zu, und ich hoffe, dass ich zeit meines Lebens in jedem Seminar, das ich gebe, lerne. Das ist das eine, das andere ist: Die Art, wie Ihre Kritik hier ankommt, finde ich unter aller Kanone. Das ist für mich unerträglich, wie Sie uns hier kritisieren. Ich möchte Sie bitten, wenn es für Sie bestimmte Punkte gibt, die Sie zu bemängeln haben, dann sagen Sie uns diese Punkte, aber so eine Fundamentalkritik bringt mich nicht weiter, das bringt das Seminar nicht weiter, das führt zu gar nichts.» Der Teilnehmer äußert sich daraufhin nicht mehr.

Reflexion

Angesichts der Tatsache, dass die beiden Leiter wirklich Anfänger waren, haben die Teilnehmer wahrscheinlich tatsächlich zu viel Geld für das Seminar bezahlt. Der Teilnehmer hat ausgesprochen, was ohnehin im Raum stand. Die Vehemenz seiner Äußerung führte die Trainerin später allerdings auf ein persönliches Thema des Teilnehmers zurück (in diesem Fall «Umgang mit Unsicherheit»). Die Worte des Teilnehmers trafen in dem Moment ihre tiefsten Ängste und Befürchtungen: «Das ist starker Tobak, aber wir sind auch Pfeifen!»

In dem Angriffsmoment war der Trainerin wichtig, die Weichen in die richtige Richtung zu stellen und deutlich zu machen, dass sie einer Auseinandersetzung durchaus standhalten, sich dabei aber nicht jeden Ton gefallen lassen würde. Sie hat sich sowohl zur Sache geäußert, etwas über ihr eigenes Befinden und über die Beziehungsgestaltung gesagt als auch an den Teilnehmer appelliert. Auf diese Weise konnte sie klar Stellung beziehen. Dadurch bewies sie Souveränität und hielt seinem Angriff stand.

Obwohl sie über ihr eigenes Empfinden sprach, ist sie dabei selektiv vorgegangen. D. h., sie hat nicht die gesamte Vehemenz ihres Schreckens und ihrer Angst zum Ausdruck gebracht, sondern sorgsam ausgewählt, welche Aspekte ihres Befindens sie veröffentlichen kann, ohne ihrer Trainerrolle zu schaden. Aufgrund ihrer Reaktion war sie für den Rest des Seminars aus der «Schusslinie» heraus, sie hatte sich Respekt verschafft und wurde als Leitung akzeptiert. Ihr Ko-Leiter hingegen hat dadurch, dass er sich in dieser Situation nicht äußerte, auch für den weiteren Verlauf des Seminars mehr Angriffsflächen geboten.

So kann man's auch machen ...

Die Wahrheit der Situation am Anfang ansprechen

Eine andere Möglichkeit, mit vergleichbaren Situationen umzugehen, ist, von Anfang an stärker Prophylaxe zu betreiben. So bietet es sich an, zu Beginn des Seminars die Wahrheit der Situation zu benennen und darauf einzugehen, welche Gedanken den Teilnehmern möglicherweise durch den Kopf gehen: «Das wundert Sie vielleicht, Sie kommen hierher zu einem Seminar, sind alle erfahrene Trainer und alte Hasen in dem Geschäft, und nun stehen hier zwei so junge Hüpfer vor Ihnen. Und in manchen von Ihnen mögen Phantasien losgehen: ‹Kann ich hier eigentlich was lernen?› Ich möchte Ihnen mal sagen,

● **Die Seminareröffnung sollte die Besonderheiten der Situation beinhalten.**

was wir Ihnen bieten können ...» Indem die Trainerin von sich aus auf die Schwierigkeit, die aus den Gegebenheiten entstehen kann, hinweist, nimmt sie den Teilnehmern den Wind aus den Segeln und kann eventuell einer «Untergrundbewegung» vorbeugen.

Konfrontation

Stellen Sie sich eine Situation vor, in der die Teilnehmer das Seminar in jeder denkbaren Situation kritisierten und verreißen. Eine kritische Haltung gegenüber dem Trainer und seinem Vorgehen wird zur Norm. Einzelne Personen, die sich über Übungen positiv äußern, relativieren ihr Lob – nach einem Blick in die Runde – sofort durch eine nachgeschobene negative Kritik. Eine Teilnehmerin gibt schließlich von sich: «Also, wenn mir irgendjemand erklären kann, was ich bisher gelernt haben soll, wäre ich sehr dankbar!»

Wie kann man sich als Trainer in solch einer Situation verhalten?

Es ist durchaus denkbar, dass dem Trainer hier nicht nur innerlich der Kragen platzt: «Also, wenn Sie in dem Ton mit mir reden, kriegen wir Ärger miteinander!» Auf diese Weise erklärt er ihr unmissverständlich, dass er mit einem solchen Ton nicht einverstanden ist. Hier findet eine klare Grenzziehung und Weichenstellung für den Rest des Seminars statt: «So nicht mir mir!» Wahrscheinlich reagiert die Gruppe erstaunt, in den meisten Fällen nimmt sie es hin, und der Trainer hat die Chance, als Leitung akzeptiert zu werden – wenn auch nicht geliebt. Wichtig in diesem Fall ist, dass der Trainer seine Selbstachtung wahrt. Es kann durchaus angemessen sein, der Gruppe deutlich zu machen, dass man nicht «beschämt nach Hause kriecht», sondern auch im Konflikt auseinander gehen kann.

Nachfragen und erklären

Lassen Teilnehmer eine kritische Einstellung dem Seminar gegenüber erkennen oder äußern sie sogar fundamentale Kritik, empfiehlt es sich, nachzufragen: «Was, das Sie erwartet haben, passiert hier nicht? Was ist an der Art, wie wir hier vorgehen, für Sie nicht in Ordnung?» Konkretere Äußerungen bieten dem Trainer einen Ansatzpunkt für das weitere Vorgehen. Wenn er versteht, was die Teilnehmer ablehnen, ist es ihm leichter möglich, seinen eigenen Standpunkt darzulegen und gemeinsam mit den Teilnehmern das weitere Vorgehen zu vereinbaren. Es kann zudem hilfreich sein, der Gruppe genauer zu erklären, warum der Trainer diese Übung bzw. Methode wählt. Können Teilnehmer die Gründe für ein bestimmtes Vorgehen nachvollziehen, fällt es ihnen leichter, sich darauf einzulassen.

Ein weiterer Vorteil, den das Nachfragen bietet, ist, dass die Teilnehmer sich gehört und dadurch ernst genommen und respektiert fühlen. Auch wenn der Trainer inhaltlich nicht zustimmt und nicht sofort das Seminarprogramm ändert, nimmt er doch die Interessen der Einzelnen wahr und geht sorgsam mit der Beziehung zu den Teilnehmern um. Andererseits sollte es einen Trainer nicht wundern, wenn sich nicht er- oder gehörte Personen auch unerhört verhalten.

● **Nicht gehörte Personen verhalten sich unter Umständen unerhört!**

Stimmungsbarometer

In Situationen, in denen eine negative Einstellung der Teilnehmer gegenüber dem Seminar nur unausgesprochen im Raum
steht, gibt es die Möglichkeit, ein «Stimmungsbarometer» zu
Hilfe zu nehmen. Der Trainer kann die Teilnehmer bitten, auf
einem Barometer, z. B. auf Flipchart visualisiert, zu kennzeichnen, wie sie die Atmosphäre im Seminar einschätzen, z. B.:
schlechte Stimmung = 0, bis super Stimmung = 100. Anschließend besteht die Möglichkeit, das Barometer in die Mitte zu
legen und das Ergebnis zum Thema zu machen. Manchmal
stellt sich heraus, dass die Schwierigkeit, sich
mit dem Thema zu beschäftigen, gar nichts mit
dem Thema an sich oder mit dem Trainer zu
tun hat, sondern in firmeninternen und zwi-
schenmenschlichen Vorgeschichten begründet
liegt. Häufig genügt allein die Thematisierung
der atmosphärischen Störung, um sich danach
wieder auf das Thema konzentrieren zu können. Ist dies nicht der Fall, hat der Trainer die
Möglichkeit, eine ausführlichere Klärung der
schlechten Stimmung in Betracht zu ziehen.

Stimmungsthermometer

Rollenklarheit schaffen

In manchen Fällen gelingt es dem Trainer, die Arbeitsfähigkeit
der Gruppe wiederherzustellen, indem er für Rollenklarheit
sorgt. Das bedeutet, der Trainer macht deutlich, dass er der Ex-
perte für das Vorgehen ist und dass er daher festlegt, wann, woran und mit welchen Mitteln gearbeitet wird: «Sie können alles
kritisieren, nachdem Sie es ausprobiert haben. Jetzt machen Sie

erst mal die Übung. Und wenn Sie das Vorgehen komplett ablehnen, dann sagen Sie mir das bitte hinterher, aber nicht bevor Sie die Übung gemacht haben! Ich bin der Fachmann dafür, wie es läuft, und nicht Sie.»

Dieses Vorgehen erfordert Mut und Konfliktbereitschaft. Der Grundgedanke dabei ist, dass der Trainer die Verantwortung für den Ablauf behält. Zwar darf kritisiert werden, aber der Trainer besteht auf der Reihenfolge: erst ausprobieren, dann kritisieren. In diesem Beispiel ist der Ton des Trainers unmissverständlich und konfrontativ. Je nach der atmosphärischen Situation muss der Trainer für die eigene Ton- und Wortwahl sensibel bleiben. In einigen Gruppen mag er sich durch eine unmissverständliche und direktive Art Respekt verschaffen, in einer anderen Gruppe kann dies jedoch auch zu einer Verschärfung der Abwehr und zu Konflikten führen.

Sich einen Satz zurechtlegen:

Einige Trainer geraten immer wieder in Situationen, in denen sie sich sprachlos oder blockiert fühlen. Andere befürchten, sie könnten in eine solche Situation geraten. Die Vorstellung sieht häufig so aus: Ein Teilnehmer äußert sich in einer bestimmten Art, die bei dem Trainer z. B. Wut, Angst oder Scham auslöst. Das Gefühl, sich nicht wehren zu können, nicht zu wissen, wie man jetzt reagieren kann, um die eigene Haut zu retten, setzt ein. Der Trainer steht – zumindest in seiner Phantasie – wie das Kaninchen vor der Schlange und bringt keinen Ton heraus.

Um sich für solche Situationen besser gewappnet zu fühlen, sich Zeit zum Denken zu verschaffen oder um der Angst vor solchen Situationen den Stachel zu nehmen, ist es ratsam, sich einen Satz zurechtzulegen, sozusagen als Schutzschild. Solche Sätze brauchen nicht durch besondere Schlagfertigkeit oder geistige Brillanz gekennzeichnet zu sein, sie dienen in erster Linie der ersten Reaktionsfähigkeit. Aussagen wie «Jetzt bin ich erst mal sprachlos!» oder «Das ist aber starker Tobak» eignen sich hierfür durchaus. Ziel eines vorbereiteten Satzes ist es, die eigene Handlungsfähigkeit zu bewahren. Hat der Trainer ausgesprochen, dass er sprachlos ist, ist er es bereits nicht mehr. In der Regel ermöglicht die erste Reaktion dem Trainer, die Fassung zu bewahren und weiterhin handlungsbereit zu bleiben. Gute «Sprechblasen» können einem eine Zeit lang hilfreich sein, später ist man dann vielleicht an einem Punkt, an dem man sie nicht mehr benötigt.

● **Sprechen Sie Ihre Sprachlosigkeit aus!**

Checkliste: Fundamentalkritik

- Gibt es Punkte, die ich am Anfang des Seminars (zur Prophylaxe) ansprechen sollte? Welche Punkte könnten das sein?
- Wie nehme ich die Stimmung in der Gruppe wahr?
- Habe ich Phantasien darüber, was durch die Köpfe der Teilnehmer gehen könnte? Wie sehen diese Phantasien aus?
- Wo gehen die Erwartungen der Teilnehmer und der Seminarverlauf auseinander? Was ist für die Teilnehmer nicht in Ordnung?
- Welche Erklärungen bezüglich des Vorgehens könnten die Mitarbeit fördern?
- Was habe ich auf sachlicher Ebene zu der Kritik zu sagen?
- Wie empfinde ich die Art und Weise, mit der die Kritik vermittelt wird?
- Was erwarte ich von den Teilnehmern?
- Was lasse ich mir bieten? Wo ist Schluss?
- Welchen Satz kann ich mir zurechtlegen?

■ 5.2   Passive Gruppe

Das Gegenteil der rebellischen und widerspenstigen Teilnehmer ist die zurückhaltende und passive Gruppe. Diese Art Seminargruppe ist nicht unweigerlich die angenehmere Variante. Der Trainer hält Vorträge, erklärt Modelle, und die Teilnehmer hören in passiver Konsumhaltung zu. Manche Trainer setzen Passivität mit Interessenlosigkeit und mit einer Abwertung ihrer Arbeit gleich. Anderen Trainern fällt es schwer, die Resonanzarmut einer Gruppe auszuhalten. Ob die Situation für den Trainer schwierig wird, hängt von dem (Hinter-)Grund der Zurückhaltung ab und – wie in den meisten Fällen – auch davon, wie der Trainer diese bewertet. In der folgenden Beispielsituation wird das Erlebnis eines Trainers mit einer sehr zurückhaltenden Gruppe geschildert:

Der Entert(r)ainer

Bernd Moss ist interner Trainer in einer Bank. Mit Sachbearbeitern führt er ein Seminar zu dem Thema «Kundenorientiertes Verhalten am Telefon» durch. Die Teilnehmer sind nicht freiwillig gekommen, sie wurden zur Teilnahme verpflichtet. Das Seminar verläuft ohne nennenswerte Zwischenfälle, jedoch verhalten sich die Teilnehmer sehr passiv und resonanzarm. Herr Moss bekommt kaum Rückmeldungen, und es fällt ihm schwer, die Stimmung der Teilnehmer einzuschätzen. Für die Übungen benötigt die Gruppe wesentlich weniger Zeit als andere Gruppen. Die daraus resultierenden Ergebnisse sind sowohl quantitativ als auch qualitativ mager und wenig erkenntnisreich. Insgesamt hat Herr Moss den Eindruck, dass er die Teilnehmer nicht wirklich erreicht und dass sie nicht aufnehmen, worum es geht. Das Seminar erscheint ihm zäh und langatmig.

***Wie würden Sie – in der Rolle der Seminarleitung –
jetzt reagieren?***

Herr Moss spricht seinen Eindruck an: «Ich habe das Gefühl, das
ist bei Ihnen noch nicht so richtig angekommen. Was fehlt Ihnen
noch, was müsste ich noch machen? Was haben Sie noch nicht verstanden?» Die Gruppe reagiert darauf kaum. Die Teilnehmer sitzen da und gucken den Trainer fragend an. Niemand sagt etwas.
Ein oder zwei Teilnehmer murmeln: «Nö, ist schon okay so, ist
klar.»

Der Trainer hat jedoch weiterhin den Eindruck, dass die Inhalte
den Teilnehmern nicht verständlich sind. Er bemüht sich immer
wieder, die Situation lebendig zu gestalten, indem er die Teilnehmer einzubinden versucht. Die Gruppe bleibt allerdings ruhig und
passiv, während er immer mehr zum Entertainer und Alleinunter-
halter wird.

Während des ganzen Seminars ist es Herrn Moss nicht möglich, einen Anhaltspunkt für die Zurückhaltung der Teilnehmer zu
finden. In der Abschlusssituation thematisiert er diese Schwierigkeit noch einmal: «Also, mir ist Folgendes während der ganzen Se-
minarzeit aufgefallen: Sie sind so passiv, von Ihnen kam so wenig,
ich fühlte mich bemüßigt, trotzdem irgendwas zu geben. Ich frage mich nun, woran das liegt. Ich selbst habe bisher keine Antwort darauf finden können.» Die Reaktionen der Teilnehmer sind
auch an dieser Stelle sehr verhalten: «Wieso, ging doch . . . »

Reflexion

Der Trainer hat sich bemüht, das Verhalten der Gruppe zu verstehen. Da die Teilnehmer sich nicht geäußert haben, können
im Nachhinein nur Vermutungen über die Hintergründe, die

zu dem sehr reservierten Verhalten der Teilnehmer geführt haben, angestellt werden. Eine denkbare Ursache könnte der verpflichtende Charakter des Seminars gewesen sein. Möglicherweise waren die Teilnehmer also nur physisch anwesend, innerlich aber nicht bereit teilzunehmen. Andererseits ist zu bedenken, dass es Menschen gibt, die nicht über die praktischen Übungen und den lebendigen Austausch in der Gruppe lernen, sondern darüber, dass sie sich die Inhalte anhören und sie dann am liebsten zurückgezogen und für sich allein verarbeiten.

So kann man's auch machen ...

Finde den positiven Kern heraus

Wie im Umgang mit einzelnen schwierigen Teilnehmern gilt auch für die ganze Gruppe: Welches ist der positive Kern des schwierigen Verhaltens? Und wie könnte er konstruktiv nutzbar sein? Im Falle einer passiven Gruppe kann das z. B. ein hoher Leistungsanspruch, gepaart mit Vorsicht oder Bescheidenheit etc., sein. Wird dies deutlich, kann der Trainer die Vorsicht oder Bescheidenheit würdigen und den Leistungsanspruch nutzen: Diese Gruppe darf gefordert werden.

Die eigene Messlatte klären

Im Umgang mit einer passiven und zurückhaltenden Teilnehmergruppe kann es für den Trainer wichtig sein, sich den eigenen Maßstab bewusst zu machen. Etwas, das für den Leiter selbstverständlich und kaum der Rede wert scheint, ist für den Teilnehmer unter Umständen eine wichtige Erkenntnis und ein großer Schritt. Dies gilt es, vor allem bei persönlichen Themen zu beachten. Eventuell benötigen die Teilnehmer mehr Zeit, als der Trainer aufgrund bisheriger Erfahrungen vorgesehen hat. Manch ein Teilnehmer kann sich nicht sofort einer aktiven Mitarbeit anschließen, für ihn mag das langsame Einlassen auf ein Thema viel angemessener sein.

Würdigung vor Veränderungsimpuls

Lassen sich Teilnehmer langsam und vorsichtig auf ein Thema ein, so sollte der Trainer sie nicht drängen. Der Impuls, den Prozess zu beschleunigen, ist zwar verständlich, aber selten hilfreich. Die Teilnehmer benötigen in solchen Fällen vielmehr Vertrauen und die Würdigung ihres Verhaltens. Der erste Schritt des Trainers sollte also sein, das Verhalten der Gruppe zu akzeptieren und zu respektieren und sich vor Augen zu führen, dass es einen Grund für das entsprechende Verhalten gibt. Daneben ist es ihm jedoch auch möglich, die Teilnehmer auf ihr Verhalten aufmerksam zu machen und dementsprechende Chancen, Gefahren und Entwicklungsmöglichkeiten aufzuzeigen. Neben der Würdigung des aufmerksamen Zuhörens könnte der Trainer den Teilnehmern den Gewinn einer aktiveren Beteiligung deutlich machen.

Die Typologie des Schweigens

Eine Möglichkeit, mit dem Schweigen einer Gruppe umzugehen, ist, es mit Hilfe der «Typologie des Schweigens» nach Schulz von Thun anzusprechen. Sie bietet sieben Erklärungen für zurückhaltendes Verhalten von Seminarteilnehmern. Der

Trainer kann einen kurzen Vortrag über die unterschiedlichen Typen des Schweigens halten und im Anschluss daran gemeinsam mit den Teilnehmern erkunden, auf welche Ursachen ihre Zurückhaltung zurückzuführen ist. Allerdings ist dies natürlich nur dann empfehlenswert, wenn die Thematisierung des Verhaltens für den Seminarablauf hilfreich ist.

Die sieben möglichen Versionen des Schweigens und daraus resultierende Empfehlungen, übertragen auf die «schwierige Gruppe», werden im Folgenden für Seminarleiter kurz vorgestellt (Seminarfolie von Schulz von Thun):

Anspruch

- Zögern die Teilnehmer, das Wort zu ergreifen, weil sie befürchten, damit nicht ihrem eigenen Anspruch oder dem der Gruppe zu genügen, hat der Leiter die Möglichkeit, sie zu bestärken, auch unausgegorene oder simpel erscheinende Gedanken zu äußern und sich von der Vorstellung zu lösen, ausschließlich perfekt Durchdachtes von sich zu geben.

Blockade

- Es kann vorkommen, dass die Teilnehmer bei der Bearbeitung eines Themas auf eine innere Blockade stoßen. Innere Blockaden sollte ein Trainer respektieren und ernst nehmen. Im Gegensatz zur Therapie geht es in einem Seminar nicht darum, diese zu bearbeiten und zu überwinden.

fehlende Passung

- Ebenfalls reserviert verhalten sich Teilnehmer, die den Eindruck haben, dass das, was sie zu sagen haben, nicht zu den übrigen Äußerungen oder in den Seminarrahmen passt. Vielleicht befürchten sie, dass der Inhalt ihrer Gedanken gegen die Gruppennorm verstößt bzw. nicht dem Thema oder der Atmosphäre entspricht. Ruth Cohn soll in einer ähnlichen Situation einmal die Gruppe aufgefordert haben: «Sagt jetzt mal all das, was nicht passt!»

meditatives Schweigen

Verwirrung

Intimitätsschutz

Verweigerung

- Eine Art des Schweigens ist das meditative Schweigen, bei dem jeder Teilnehmer in sich ruht. Obwohl jeder für sich ist, wird die Stille gemeinsam erlebt. Diese Zeit der Ruhe kann als eine besonders wertvolle Art des Zusammenseins betrachtet werden, sie bedarf keiner Intervention des Trainers.

- Die Teilnehmer könnten aufgrund einer inneren Verwirrung, eines «inneren Durcheinanders», schweigsam sein. Eventuell hat die Bearbeitung einer Thematik bei ihnen viel ausgelöst, und die Vielfalt der Empfindungen und Gedanken erschweren eine Äußerung. Der Trainer könnte die Teilnehmer ermutigen, sich zunächst einen Gedanken als Anfang zu wählen. Bei diesem Gedanken muss es sich nicht um den wichtigsten handeln, zudem besteht kein Anspruch auf Vollständigkeit.

- Eventuell möchten Teilnehmer ihre Gedanken nicht vor der Gruppe veröffentlichen, da sie zu persönlich sind. Den Intimitätsschutz der Teilnehmer gilt es zu wahren. Eine Zurückhaltung zum Schutz der Intimität sollte der Leiter akzeptieren und respektieren.

- Eine Verweigerung der Teilnehmer bzw. passiver Widerstand ist von allen Typen des Schweigens für den Trainer am unangenehmsten. In diesem Fall hat das passive Verhalten einen abwehrenden – eventuell auch aggressiven – Charakter. Eine Klärung dieser Art einer schwierigen Situation in der Lerngruppe ist unverzichtbar, um eine Einigung für die weitere Arbeit treffen zu können. (s. Fundamentalkritik)

Häufig kommt es nach einer Erläuterung der «Typologie des Schweigens» bereits zu «Genau so ist das bei mir»-Reaktionen. Es kann durchaus vorkommen, dass sich mehrere Formen mischen. Zu klären, was da los ist, verhilft dem Trainer in jedem Fall zu mehr Möglichkeiten, damit umzugehen.

Unfreiwilligkeit thematisieren und akzeptieren

Beruht die Zurückhaltung auf mangelnder Motivation, an dem Seminar teilzunehmen, z. B. weil die Teilnehmenden zu dem Seminar geschickt worden sind, ist es unumgänglich, dies zu thematisieren. «Sie sind also nicht hier, weil Sie sich brennend für das Thema xy interessieren, sondern weil Sie teilnehmen müssen!?»

Die Wahrheit der Situation sollte klar benannt werden. Dabei ist es wichtig, zu akzeptieren, dass die Teilnehmer nicht aus eigenem Interesse vor Ort sind. Aus psychologischer Sicht erklärt sich das zurückhaltende, evtl. auch offensive Verhalten von «zwangsverpflichteten» Teilnehmern darin, dass zumindest in der Wahl des Verhaltens im Seminar noch eine letzte Möglichkeit besteht, sich für oder gegen die Teilnahme zu entscheiden.

Zur Wahrheit der Situation gehört ebenfalls, dass diese sowohl für die Teilnehmenden als auch für den Trainer unangenehm ist: «Das ist für Sie eine blöde Situation, für mich könnte sie ebenfalls günstiger sein! Lassen Sie uns mal sehen, wie wir aus der Situation das Beste machen können. Dazu würde ich gerne erfahren, unter welchen Bedingungen Sie dieses Seminar doch noch für sich nutzen könnten!» Eventuell auch: «Und ich möchte gerne hören, was Sie an dem Thema xy am ehesten interessieren könnte!» In diesem Moment räumt der Trainer den Teilnehmern wieder eine Möglichkeit zur Selbstbestimmung ein und hat eine Chance, mit den Teilnehmenden doch noch zu arbeiten, anstelle selbst das Seminar nur «abzuspulen» und es die Teilnehmer absitzen zu lassen.

Checkliste: Passive Teilnehmergruppe

- Weshalb sind die Teilnehmer hier? Freiwillig?
- Unter welchen Bedingungen wäre das Thema für die Gruppe interessant?
- Woran hat die Gruppe Interesse?
- Was hält die Teilnehmer davon ab, sich aktiv zu beteiligen?
- Was brauchen die Teilnehmer, um engagierter an dem Seminar teilnehmen zu können?
- Welchen positiven Aspekt kann ich dem Verhalten der Teilnehmer abgewinnen?
- Wie kann ich deutlich machen, dass ich das Verhalten würdige und akzeptiere?
- Wie könnte die Entwicklungsrichtung der Teilnehmer aussehen?
- Ist es angebracht, die Gruppe mit meiner Wahrnehmung zu konfrontieren? Wie gehe ich dabei vor?
- Was erwarte ich von den Teilnehmern? Welche Erwartungen sind realistisch?

● 5.3   Konträre Erwartungshaltungen

Unter diese Überschrift sind Situationen gefasst, in denen Trainer und Teilnehmer in Diskussionen bezüglich ihrer unterschiedlichen Erwartungen geraten. Die Erwartungen beziehen sich jedoch nicht auf das Thema des Seminars, sondern auf das Verhalten des Trainers. Die Problematik lässt sich gut anhand der folgenden Beispielsituation verdeutlichen:

Der Leiter wird's schon richten

Bettina Nord arbeitet als interne Trainerin in einem Transportunternehmen. Mit Führungsnachwuchskräften führt sie ein dreitägiges Seminar zu dem Thema Gesprächsführung durch. Der erste Tag ist bereits beendet, und sie ist mit der Gruppenatmosphäre und den Arbeitsergebnissen des Vortages sehr zufrieden.

Den zweiten Seminartag beginnt sie mit einem Austausch über den bisherigen Seminarverlauf. Zunächst will sich keiner der Teilnehmer äußern. Dann ergreift schließlich Herr Witt das Wort: «Okay, dann sage ich jetzt doch mal etwas. Also, mir geht das ewige Ausdiskutieren und Auf-Dingen-Herumreiten sehr auf die Nerven. Das war mir gestern viel zu zäh und langweilig.» Frau Nord ist völlig überrascht. Ihrer Meinung nach waren die Diskussionen am Vortag ergiebig und sinnvoll. Frau Tieder, eine weitere Teilnehmerin, schließt sich Herrn Witt an: «Ja, das ist mir gestern auch so gegangen. Irgendwie vertrödeln wir hier sehr viel Zeit. Ich fände es besser, wenn Sie, Frau Nord, bei diesen ewigen Diskussionen mal auf den Tisch hauen und uns sagen, wo es langgeht. Es bringt mir herzlich wenig, mit Leuten zu diskutieren, die es letztendlich genauso wenig wissen wie ich. Ich möchte von Ihnen hören, was richtig und was falsch ist!» – «Ja, das möchte ich auch unterstützen», bringt sich nun Herr Leith ins Spiel. «Dieses ewige ‹Trial and

Error> bringt doch nichts. Sie sind schließlich die Fachfrau hier, wir könnten uns viel wertvolle und kostspielige Zeit sparen, wenn Sie uns einfach sagen, wie wir Gespräche führen sollen und wie nicht!»

Es schließen sich immer mehr Teilnehmer dieser Meinung an und machen deutlich, dass sie so nicht weiterarbeiten wollen.

Für Frau Nord kommt diese Situation aus heiterem Himmel, ihr waren diese Stimmung und diese Einstellung am Vortag nicht aufgefallen. Gedanken schießen ihr durch den Kopf: «Das gibt es doch gar nicht! Wie behalte ich jetzt nur die Fassung, wie bleibe ich standhaft!? Die gucken jetzt alle auf mich und wollen, dass ich hier auf den Tisch haue und sage, wo es langgeht. Aber das will ich gar nicht! Was habe ich denn falsch angeleitet, dass die so den Eindruck haben, hier wird gefaselt!? Wie kriege ich die wieder arbeitsfähig?»

Wie würden Sie – in der Rolle der Seminarleitung – jetzt reagieren?

Frau Nord gibt den Teilnehmern folgende Rückmeldung: «Sie machen auf mich den Eindruck, als würden Sie hier in einer ‹Show› sitzen und Entertainment von vorne erwarten. Ich muss Ihnen sagen, ich verstehe unter Seminararbeit etwas anderes. Seminararbeit bedeutet für mich, dass Sie als Teilnehmer diese Veranstaltung mitgestalten und dass es mit in Ihrer Hand liegt, wie unser Seminar verläuft. Und wenn Sie nicht mitmachen oder keinen eigenen Input liefern, dann ist der Output dieser Veranstaltung auch gering. Dann passiert hier nicht viel! Viele von Ihnen sind schon Führungskräfte und müssen im Unternehmen auch Entscheidungen treffen, und jetzt wollen Sie, dass ich Ihnen das hier abnehme!? Also, das wäre zu leicht. So leicht mache ich es Ihnen hier nicht. Ich habe den Eindruck, Sie wählen hier den einfachen Weg und scheuen das Gespräch.»

Unter den Teilnehmern entsteht daraufhin starke Betroffenheit. In einer nachdenklichen Atmosphäre tauschen sie sich über die unterschiedlichen Eindrücke und Anspruchshaltungen aus. Anschließend ist eine intensive und interaktive Arbeit an dem Thema wieder möglich.

Reflexion

In dieser Situation wich das Anspruchsdenken der Teilnehmer von dem der Trainerin ab. Die Gruppe hatte die Erwartung, dass ihr von der Trainerin etwas «geboten wird» und sie das richtige Verhalten präsentiert bekommt. Diese Haltung widersprach dem Seminarverständnis der Trainerin. Erschwerend kam hinzu, dass die Teilnehmer es nicht gewohnt waren, sich für eine Diskussion Zeit zu nehmen. Vermutlich haben sie zunächst nur wahrgenommen, dass die Debatten sie viel Zeit kosten. Nach Einschätzung der Trainerin spiegelten die Diskussionen (des Vortages) zwar den schwierigen Entscheidungsprozess wider, sie empfand sie jedoch auch als anregend und kontrovers. Vielleicht wäre ihr der Schrecken am zweiten Morgen erspart geblieben, hätte sie die Teilnehmer, die sich am Vortag nicht beteiligt haben, eher bemerkt und stärker berücksichtigt.

In jedem Fall wird deutlich, welche Bedeutung Reflexionsphasen über den Seminarverlauf zukommen kann. Dafür sollte man sich Zeit nehmen und vorhandene Stille nicht zu schnell interpretieren und abtun als nicht vorhandene Resonanz.

So kann man's auch machen ...

Auszeit nehmen

Der Trainer hat die Möglichkeit, sich in einer Situation, wie oben beschrieben, eine Auszeit zu nehmen. Es kann hilfreich sein, im Anschluss an die Einwände und Beschwerden der Teilnehmer eine Pause zu machen, um sich mit dem Gehörten auseinander zu setzen. Diese Zeit kann der Leiter nutzen, um Klarheit darüber zu erlangen, inwieweit sein eigener Standpunkt mit den Forderungen der Gruppe zu vereinbaren ist und inwieweit er auf die Bedürfnisse der Teilnehmer eingehen möchte. Auf diese Weise wird es ihm leichter fallen, authentisch und situationsangemessen auf die Gruppe zu reagieren.

Findet das Seminar in Ko-Leitung statt, haben die Trainer in der Pause die Möglichkeit, sich auszutauschen und das weitere Vorgehen abzustimmen.

Wünsche zur Kenntnis nehmen und Teilnehmer einbeziehen

Als ersten Schritt in schwierigen Situationen sollte der Trainer versuchen, die Einwände der Teilnehmer zu verstehen. Ein wichtiges Hilfsmittel ist hierbei das aktive Zuhören*, wobei der Trainer zusammengefasst wiedergibt, inwieweit er das Anliegen der Gruppe verstanden hat: Ihnen geht es also zu langsam voran. Sie haben das Gefühl, dass Ihnen die Diskussionen miteinander nicht weiterhelfen, und Sie erwarten von mir, dass ich erstens stärker eingreife und zweitens Ihnen sage, welche Verhaltensweisen richtig und welche falsch sind. Habe ich Sie so richtig verstanden?»

Bestätigen die Teilnehmer die Zusammenfassung des Trainers und ist dieser gewillt, die Bedürfnisse der Gruppe aufzunehmen, kann er dies natürlich tun: «Gut, ich nehme Ihre Wünsche auf, und ich werde versuchen, ihnen stärker nachzukommen.»

Teilnehmer in die Schranken weisen

Wird der Trainer von Teilnehmern in einem scharfen Ton zurechtgewiesen und fühlt er sich in unangemessener Weise angegriffen, so kann es angebracht sein, einen Teilnehmer in seine Schranken zu verweisen: «Ich sage Ihnen, was richtig ist: Nicht in diesem Ton! Versuchen Sie es nochmal!»

Verständnis signalisieren

Wie bereits erwähnt, ist ein erster wichtiger Schritt, die Einwände der Teilnehmer zu verstehen. Gelingt es dem Trainer, so sollte er der Gruppe durchaus mitteilen, dass er ihre Bedürfnisse nachvollziehen kann: «Sie möchten gerne wissen, was in der Kommunikation richtig und was falsch ist. Das kann ich gut verstehen, das würde ich mir auch wünschen.» Im Anschluss daran kann der Trainer z. B. seine Ansicht über das Wesen der Kommunikation erläutern (s. nächsten Punkt).

Das eigene Kommunikationsverständnis erläutern

Ist der Trainer der Ansicht, dass Standardrezepte in der Kommunikation nicht funktionieren, sollte er sein Kommunikationsverständnis erläutern. Das könnte folgendermaßen aussehen: «Ich musste mühsam lernen, dass es das richtige und das falsche Verhalten in der Kommunikation nicht gibt. Wir können über Erfahrungen lernen, welches Verhalten individuell zu uns passt, und wir können ein Gespür für die Anforderungen in bestimmten Situationen entwickeln. Aber das richtige und das falsche Verhalten gibt es leider nicht. Was für die eine Person in einer bestimmten Situation passt, kann für eine andere Person ungeeignet sein. Was ich Ihnen hier anbieten kann, ist, unterschiedliches Verhalten in unterschiedlichen Situationen auszuprobieren und anschließend darüber zu reflektieren. Das ist mühsam und zum Teil auch unbequem. Aber aus meiner Erfahrung ist es dennoch der sinnvollste Weg.» Auch könnte der Trainer in diesem Zusammenhang den Teilnehmern deutlich machen, was er für richtig und was er für falsch hält: «Hier jetzt zu sagen, was richtig ist, wäre falsch!»

Der Trainer macht den Teilnehmern deutlich, dass es in dem Seminar nicht um die eine richtige Handlung gehen wird, sondern darum, eine Handlungsvielfalt zu erarbeiten.

Grenzen setzen und Eigenverantwortlichkeit deutlich machen

Eine weitere Art, auf Einwände der Teilnehmer zu reagieren, ist, Grenzen aufzuzeigen und den Teilnehmern ihre Eigenverantwortlichkeit in Erinnerung zu rufen. Ein Trainer gerät beispielsweise in die Situation, dass ihm die Teilnehmer vorwerfen, am Vortag zu viel Leistungsdruck erzeugt zu haben. Seine Reaktion könnte folgendermaßen aussehen: «Ich bin überrascht, ich habe davon nichts gemerkt, dass Sie unter so enormen Leistungsdruck gekommen sind. Das tut mir Leid. Ich möchte allerdings auch an Ihre Verantwortung appellieren, mich rechtzeitig darauf hinzuweisen. Könnten Sie mit darauf achten, es mir rechtzeitig zu sagen?»

Mit den Erwartungen der Gruppe gehen

Ebenfalls denkbar ist, dass der Trainer in seiner Arbeit die Interessen und Erwartungen der Gruppe aufnimmt. Das heißt, der Trainer stellt seine Erwartungen und Ansprüche zurück und versucht, die Bedürfnisse der Teilnehmer stärker mit einzubeziehen. Dieses Vorgehen ruft natürlich weniger Abwehr hervor, es sollte jedoch nicht zulasten von Seminarzielen gehen. Entscheidend ist, inwieweit die Bedürfnisse der Teilnehmer mit dem Auftrag und dem Seminarverständnis des Leiters vereinbar sind.

● **Die Vermeidung von Widerständen sollte nicht auf Kosten der Seminarziele erfolgen!**

Effektivitätsverständnis erläutern

Zuweilen ist es ratsam, das eigene Effektivitätsverständnis zu erläutern und klar zu benennen. Damit verbunden ist die Erkenntnis, dass verschiedene Vorgehensweisen je nach Kontext, Thematik und Ziel in unterschiedlicher Weise zu Effektivität führen.

Die Mehrheit der arbeitenden Bevölkerung ist in ihrem Alltag gewohnt, in möglichst kurzer Zeit möglichst viel (weg-) zu schaffen. Wenn dies gelingt, arbeitet man in der Regel effektiv. Es gibt jedoch Situationen, in denen diese Herangehensweise wenig wirkungsvoll ist. Vor allen Dingen im Zusammenhang mit sozialen und Schlüsselkompetenzen gestaltet sich Effektivität auf eine andere Art und Weise. Um in diesem Bereich nachhaltige Erkenntnisse zu gewinnen, müssen die Inhalte sacken und verinnerlicht werden. Das ist durch ein schnelles Abarbeiten nicht möglich. Für den Trainer bietet sich an dieser Stelle die Gelegenheit, ein anderes Effektivitätsverständnis einzubringen: «Ich möchte Ihre Ansicht dahingehend unterstützen, dass ich ebenfalls viel von Effizienz und Effektivität halte, das ist mir genau so wichtig wie Ihnen. Allerdings habe ich den Eindruck, dass wir Effektivität unterschiedlich definieren. Ich möchte Ihnen mal sagen, wie ich Effektivität verstehe ...»

An dieser Stelle ist nebenstehendes Zitat von Ruth Cohn erwähnenswert. Wir haben es als Randbemerkung bewusst hervorgehoben. Im Vordergrund steht hier der Aspekt, dass bei Zeitknappheit wenig Raum vorhanden ist, um Fehler, die bei einem schnellen Vorgehen leicht entstehen, wieder auszuräumen.

● **Wenn wir wenig Zeit haben, müssen wir langsam vorgehen!** (R. Cohn)

Hintergrundbedürfnisse aufnehmen

Ist es dem Trainer – aus welchen Gründen auch immer – nicht möglich, das konkrete Anliegen der Teilnehmer aufzunehmen, so hat er dennoch die Möglichkeit, dahinter stehende Bedürfnisse zu erfragen. Gegebenenfalls kann er diese in das Seminar integrieren. In der oben beschriebenen Beispielsituation könnte hinter dem Wunsch, erfahren zu wollen, was in der Gesprächsführung richtig oder was falsch ist, das Bedürfnis nach mehr Sicherheit stehen. In diesem Fall kann der Trainer zunächst einmal den zugrunde liegenden Wunsch verbalisieren: «Ich habe den Eindruck, dass für Sie vor allen Dingen wichtig ist, mehr Sicherheit bezüglich Gesprächsverhalten zu bekommen. Liege ich damit richtig?»

An dieser Stelle ist es wichtig, sich den Eindruck von der Gruppe bzw. dem Teilnehmer bestätigen zu lassen oder, wenn er nicht richtig ist, von dem Gedanken wieder Abstand zu nehmen. Denn der Sinn dieser Vorgehensweise ist, dahinter liegende Bedürfnisse auf eine andere Art und Weise in das Seminar aufzunehmen, nicht aber ungebeten das Verhalten der Teilnehmer zu psychologisieren.

Werden grundlegende Bedürfnisse deutlich, kann der Trainer anschließend z. B. folgendermaßen fortfahren: «Wenn es Ihnen darum geht, dann möchte ich vorschlagen, dass wir uns nach jeder Übung nochmal gesondert Zeit nehmen und darüber beratschlagen, welches Vorgehen empfehlenswerter ist als andere. Gerne sage ich Ihnen auch meine persönliche Meinung darüber, welche Variante ich bevorzugen würde. Allerdings ist mir dabei wichtig, dass es sich dann nicht um allgemein gültige Weisheiten handelt, sondern um meine persönliche Meinung.»

Weitere vergleichbare Aspekte werden im Kapitel «Teilnehmer contra Thema» vertiefend behandelt.

Checkliste: Konträre Erwartungshaltungen

- Was erwarten die Teilnehmer?
- Welche Beweggründe stehen hinter den Erwartungen?
- Möchte ich eine Auszeit nehmen, um das Gehörte zu überdenken und mir über meinen Standpunkt bzw. mein weiteres Vorgehen klar zu werden?
- Was erwarte ich von mir in der Rolle des Trainers, und was erwarte ich von den Teilnehmern?
- Welche Beweggründe stehen dahinter?
- Aus welchen Gründen lehnen die Teilnehmer mein Vorgehen ab?
- Wie kann ich die Bedürfnisse der Teilnehmer stärker berücksichtigen, ohne mich zu verbiegen?
- Welche Grenzen will ich dabei nicht überschreiten?
- Könnte ich konträre Erwartungen anhand eines Modells (z. B. Wertequadrat oder Teufelskreis) aufzeigen?

5.4 Tränen im Seminar – die hilflose Gruppe

In diesem Kapitel steht nicht das Weinen der Person als Schwierigkeit im Mittelpunkt, sondern die daraus resultierende Problematik für die Gruppe. In vielen Fällen bereitet es dem Trainer weniger Mühe, mit der weinenden Person umzugehen als mit der erschrockenen und hilflosen Gruppe. Den anderen Teilnehmern fällt es häufig schwer, eine solche Situation auszuhalten. Der Trainer hat dann die Aufgabe, die Gruppe im Umgang mit dem weinenden Teilnehmer zu unterstützen.

In der folgenden Situation bricht eine Teilnehmerin in der Abschlussrunde eines Seminars in Tränen aus:

Drama in der Abschlussrunde

In einem dreitägigen Seminar hat der externe Trainer Torsten Holbein die Aufgabe, Mitarbeitern einer Versicherung Grundlagen sozialer Kompetenzen zu vermitteln. Neben theoretischen Vorträgen und praktischen Übungen werden die Teilnehmer aufgefordert, einen persönlichen Fall einzubringen, den sie reflektieren möchten. Da aus Zeitgründen nicht alle Fälle ausführlich bearbeitet werden können, entscheidet die Gruppe gemeinsam, welche Anliegen behandelt werden sollen. Eine Teilnehmerin, Sabine Feddern, hält sich von Beginn an stark zurück. Sie will kein eigenes Thema bearbeiten. Folglich werden die Anliegen anderer Teilnehmer behandelt.

Am letzten Tag geht der Trainer kurz auf die Fälle ein, die nicht im Seminar bearbeitet wurden: «Ich möchte jetzt nochmal die Teilnehmer bitten, etwas zu ihren Anliegen zu sagen, die nicht im Seminar drangekommen sind. Wie ist bei Ihnen der Stand der Dinge? Wie werden Sie an die Sache herangehen? Gibt es noch dringende Fragen dazu?» In diesem Sinne führt Herr Holbein mit den Teilnehmern, die noch übrig geblieben sind, eine Kurzbearbeitung der Fälle durch. Zum Teil konfrontiert er sie mit Widersprüchen, zum Teil unterstützt er sie in der Konkretisierung ihrer Vorhaben.

Schließlich ist auch Frau Feddern mit ihrem Anliegen an der Reihe.

Anstatt zu schildern, worum es sich bei ihrer Fragestellung handelt, bricht sie allerdings in Tränen aus. Sie ist plötzlich so aufgelöst, dass sie vor lauter Schluchzen keinen Ton mehr herausbringen kann.

Herr Holbein ist irritiert und sagt:

«Frau Feddern, ich sehe, dass Sie ganz aufgelöst sind, allerdings habe ich noch nicht verstanden, woran das liegt. Können Sie mir sagen, was Sie im Augenblick so aus der Fassung bringt?»

Daraufhin stürzt Frau Feddern laut weinend aus dem Raum.

***Wie würden Sie – in der Rolle der Seminarleitung –
jetzt reagieren?***

Herr Holbein wendet sich den nicht weniger verblüfften Teilnehmern zu und erklärt ihnen, dass Frau Feddern sich durch das Hin-
auslaufen gerade selbst schützt: «Das ist in Ordnung. Wir können
in ein paar Minuten mal nach ihr sehen, um ihr den Wiederein-
stieg zu erleichtern.»

Die Gruppe ist einverstanden und setzt die Kurzbearbeitungen
der noch ungeklärten Anliegen fort.

Nach ca. 10 Min. kommt Frau Feddern von sich aus zurück in
den Seminarraum. Sie möchte kein großes Aufheben um die Sache machen und bittet die Gruppe, an dem Punkt fortzufahren,
wo sie sich gerade befindet.

Auf diese Weise geht das Seminar zu Ende. Um 17 Uhr bittet
Herr Holbein noch zu einer Abschlussrunde, in der jeder sich dazu
äußert, in welcher Stimmung er das Seminar verlässt. Frau Feddern ist die vorletzte Person in dieser Runde und fängt, als sie an
der Reihe ist, erneut fürchterlich an zu weinen.

***Wie würden Sie – in der Rolle der Seminarleitung –
jetzt reagieren?***

Herr Holbein wendet sich zunächst einmal an die Gruppe: «Da
warten wir jetzt kurz ab.» Er versucht Frau Feddern anzusprechen,
doch das führt dazu, dass sie noch mehr weint. Daraufhin geht er
auf die Wahrheit der Situation ein: «Die Wahrheit der Situation ist
jetzt, dass Sie von einer Sache, die uns unbekannt ist, sehr berührt
sind. Und wir befinden uns in der Abschlussrunde. Es ist 17.15 Uhr.
Die meisten sitzen bereits wie auf heißen Kohlen und wollen nach
Hause. Wir haben nicht mehr die Zeit, Ihr Thema ausführlich zu
bearbeiten. Wir müssen es jetzt so stehen lassen. Geht das?»

Frau Feddern bestätigt weinend, dass das in Ordnung sei. Daraufhin wird die Runde aufgelöst. Die Teilnehmer verlassen in bedrückter Stimmung den Seminarraum.

Frau Feddern ist die letzte Teilnehmerin, die noch ihre Sachen zusammenpackt. Herr Holbein bietet ihr kurzerhand noch ein Gespräch an, in welchem er ihr Möglichkeiten zur Bearbeitung ihres Anliegens aufzeigt.

Reflexion

Zum Zeitpunkt der Abschlussrunde wollte der Trainer das Thema der Teilnehmerin nicht mehr ausführlich bearbeiten. Zudem war ihm nicht verständlich, aus welchen Gründen die Frau so aufgelöst war. Die Brisanz ihres Themas war nicht erkennbar. Die Teilnehmerin war seiner Ansicht nach gut versorgt, als sie das Seminar verließ. Jedoch blieb die Situation für die Gruppe nicht zufrieden stellend gelöst. Viele der Teilnehmer haben das Seminar vermutlich in gedrückter und nachdenklicher Stimmung verlassen. Es ist anzunehmen, dass bei einigen ein ungutes Gefühl zurückgeblieben ist, zumal ihnen nicht deutlich war, dass der Trainer sich noch um die Teilnehmerin kümmern würde.

So kann man's auch machen ...

Bereits im Seminar das anschließende Gespräch anbieten

Um die Teilnehmer besser und unbesorgter aus der Situation entlassen zu können, hätte der Trainer der Teilnehmerin noch im Seminar anbieten können, sich nach der Veranstaltung mit ihr zusammenzusetzen. Auf diese Weise wäre die Gruppe darüber informiert worden, dass die Kollegin betreut wird, und hätte beruhigt gehen können.

Weinen und Lachen sind menschliche Reaktionen

Eine weitere Möglichkeit, der Gruppe den Umgang mit Tränen im Seminar zu erleichtern, ist, deutlich zu machen, dass Weinen ebenso wie Lachen eine natürliche menschliche Reaktion ist. Tränen sind Ausdruck von Empfindungen, und es ist gut und wichtig, Empfindungen auszudrücken.

Einige Trainer gehen noch weiter und thematisieren die Schwierigkeit der Teilnehmer, mit Gefühlsäußerungen umzugehen: «Wie kommt es, dass es Ihnen so schwer fällt, das Weinen einer anderen Person auszuhalten? Wie gehen Sie mit Ihren eigenen Tränen um? Gestatten Sie sich das?»

Begrenzte Macht der Leitung akzeptieren

Die Macht der Leitung ist begrenzt. Es kommt vor, dass Teilnehmer die Situation nur schwer ertragen können und der Trainer nichts daran ändern kann. Manchmal muss der Trainer aushalten, dass die Teilnehmer das Weinen nicht aushalten können. Eventuell ist es hilfreich, sich bewusst zu machen und zu akzeptieren, dass dem eigenen Einfluss Grenzen gesetzt sind.

Pause machen

Wenn ein Teilnehmer weinend den Seminarraum verlässt, fühlen sich viele Trainer veranlasst, der Person zu folgen und sich um sie zu kümmern. Eine Möglichkeit, diesem Schutzbedürfnis nachzugehen, ist, es offen auszusprechen und eine Pause einzulegen: «Okay, das ist eine unvorhergesehene Situation. Ich möchte Ihnen vorschlagen, dass wir jetzt eine kurze Pause machen und ich in der Zeit nach Frau Feddern sehe. Sind Sie damit einverstanden?» Möchte der Trainer keine Pause machen, der Teilnehmerin jedoch trotzdem nachgehen, kann er die Gruppe auch mit einer passenden Aufgabe für einige Zeit beschäftigen – vorausgesetzt, sie ist nicht zu stark von dem Vorfall beeinträchtigt.

Umsorgen und auf später vertagen

Möchte der Leiter die Unterbrechung möglichst kurz halten und sich dennoch um die Teilnehmerin kümmern, so besteht die Möglichkeit, sie kurz aufzusuchen und ggf. ein ausführlicheres Gespräch zu einem späteren Zeitpunkt anzubieten. Für die Gruppe bedeutet dieses Vorgehen eine kurze Unterbrechung, zugleich ermöglicht es Beruhigung des eigenen Gewissens darüber, dass die Teilnehmerin versorgt ist. Auf diese Weise kann sich die Gruppe in der Regel dann auch wieder den Seminarinhalten zuwenden.

Jemanden hinterherschicken

Der Trainer kann sich auch um die Teilnehmerin kümmern, indem er einen der anderen Teilnehmer bittet, ihr zu folgen: «Wer von Ihnen kann ihr nachgehen?» In der Regel ist immer jemand aus der Gruppe bereit, dies zu übernehmen. Auf diese Weise ist die weinende Person versorgt, und der Trainer kann sich weiter um die Gruppe kümmern.

Sich aufteilen

In diesem Zusammenhang wird erneut deutlich, wie hilfreich es sein kann, ein Seminar zu zweit zu leiten. Ist ein Ko-Leiter mit vor Ort, so kann dieser der Teilnehmerin nachgehen, und der Trainer kann sich weiterhin der Gruppe widmen oder umgekehrt.

Ambivalenz offen legen und die Gruppe miteinbeziehen

Ist der Trainer hin und her gerissen zwischen den Möglichkeiten, der Teilnehmerin zu folgen oder sich um die Gruppe zu kümmern, kann er diese Ambivalenz durchaus offen legen und die Gruppe in den Entscheidungsprozess miteinbeziehen: «Ich bin jetzt hin und her gerissen, ob ich Frau Feddern nachgehen soll oder nicht. Einerseits möchte ich gerne klären, was mit ihr ist, und möchte sie versorgt wissen. Andererseits geht es hier auch um Sie und um das Seminar. Wie sehen Sie das, was sollen wir jetzt machen?»

Stimmungsbild erheben

Ähnlich wie der vorherige Punkt und doch mit einem anderen Schwerpunkt versehen ist die Alternative, ein Stimmungsbild der Gruppe zu erheben. In dem Fall geht es dem Trainer vor allen Dingen darum, sich ein Bild davon zu verschaffen, wie die Gruppe mit dem Vorfall umgeht. Anschließend kann der Leiter gegebenenfalls den Umgang mit fremden und eigenen Tränen thematisieren.

Rückzug respektieren

Einigen Teilnehmern, denen im Seminar die Tränen kommen, ist es wichtig, dass sie nicht zum Mittelpunkt des Geschehens werden. Gerade distanziertere Personen sind mit ihren Gedanken und Gefühlen dann lieber allein. Um diese Teilnehmer vor umsorgenden Heerscharen aus dem Teilnehmerkreis zu bewahren, ist es sinnvoll, dies in der Runde auszusprechen: «Frau Feddern hat den Wunsch geäußert, nicht mehr weiter darüber zu sprechen, und ich möchte das gerne respektieren!»

Auf diese Weise sorgt der Trainer nicht nur für das Bedürfnis der Teilnehmerin, sondern er gibt der Gruppe zugleich die Erlaubnis, sich nicht um die Person kümmern zu müssen.

Checkliste: Tränen im Seminar/die hilflose Gruppe

- Warum weint der Teilnehmer?
- Was kann und was will ich hier bearbeiten?
- Was davon möchte der Teilnehmer bearbeiten?
- Ist der Rahmen dafür gegeben?
- Wie reagiert die Gruppe auf die Tränen?
- Welche Bedeutung hat das Weinen für die Gruppe?
- Welche Bedeutung hat das Verhalten der Gruppe? (Geht jemand hinterher? Interessiert sich jemand für die Person?)
- Ist es angebracht, den Teilnehmer außerhalb des Seminars zu versorgen? Wie könnte das aussehen?
- Was bedeutet es für mich, wenn jemand weint?
- Kann ich ertragen, dass die Teilnehmer die Situation nicht gut aushalten können?

6. Teilnehmer gegen Teilnehmer

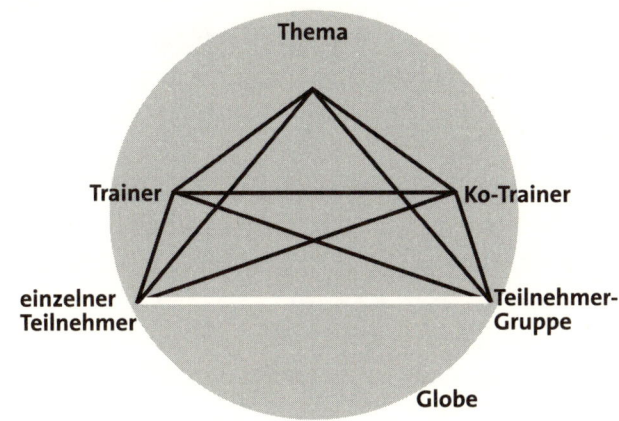

Der Seminarleiter kann in eine schwierige Situation geraten, auch wenn er selbst nicht in einen Konflikt involviert ist.

Es gibt diverse Situationen, in denen Probleme zwischen Teilnehmern den Trainer in seiner Funktion betreffen. Die Dynamik dann wieder in die richtigen – arbeitsfördernden – Bahnen zu lenken stellt oft eine große Herausforderung dar. Wir unterscheiden in diesem Kapitel Schwierigkeiten zwischen einzelnen Teilnehmern und der Spaltung der gesamten Gruppe in zwei Lager.

■ 6.1 Konflikte zwischen einzelnen Teilnehmern

Schwierigkeiten zwischen zwei Teilnehmern können sich im Rahmen des Seminars aufschaukeln und sogar eskalieren. Dabei kann es sich um Konflikte handeln, die Teilnehmer, die sich schon länger kennen, im Seminar austragen. Es ist aber auch möglich, dass alte Wunden in der aktuellen Situation zum Tragen kommen, die mit dem tatsächlichen Gegenüber nichts zu tun haben. Im Folgenden wird eine solche Situation beschrieben:

Der Angriff

Es handelt sich um ein Seminar zum Thema «Gesprächsdiagnose/Kommunikation» für Mitarbeiter aus den Personalbereichen unterschiedlicher Unternehmen. Die Teilnehmer kennen sich bereits aus anderen Seminaren und sind «per du». Am zweiten Tag erklärt eine Teilnehmerin – Uta – in der Anfangsrunde: «Gestern hatten wir noch einen wirklich lustigen Abend! Fast alle aus der Gruppe waren mit in der Kneipe gegenüber. Stefan war einer der wenigen, die nicht dabei waren, aber er war ja auch so Thema ... ! Mehr sag ich dazu jetzt lieber nicht.» Auf Nachfragen, warum sie mit den anderen über Stefan gesprochen hat, antwortet Uta: «Ach, das war eh nicht so nett ... Das möchte ich hier lieber nicht näher erklären!»

Stefan reagiert sehr aufgebracht und erklärt auf die besorgte Frage der Trainerin – Simone Kant –, wie es ihm gehe: «Wie soll es mir schon gehen? Ich bin stinksauer!!!» Als Frau Kant ihre Hilfe zur Klärung der Situation anbietet, will Stefan die Angelegenheit sofort thematisieren, während sich Uta eher herablassend bereit erklärt, ebenfalls daran mitzuwirken. Stefans Laune verschlechtert sich zunehmend. Frau Kant erklärt den Teilnehmern: «Mit einem solchen Problem in der Gruppe ist für uns zurzeit keine sinnvolle Arbeit am Thema möglich. Hier muss das Ausräumen der Störung zwischen Stefan und Uta Vorrang haben. Da der Gegenstand unseres Seminars ‹Gesprächsdiagnose› ist, kann die Arbeit mit einer solchen Situation auch viel zum Thema beitragen und einen Lerneffekt für alle haben.» Nach einer kurzen Pause, in der sich alle noch einmal die Situation durch den Kopf gehen lassen, vereinbart Frau Kant mit allen Beteiligten, mit der Bearbeitung des Konfliktes zu beginnen.

Nach der Pause übernimmt die Ko-Trainerin – Miriam Schneider – die Moderation der Klärung. Zunächst verläuft das Gespräch Erfolg versprechend, doch Uta beginnt, mit Stefan «Spielchen zu spielen», d. h., sie reizt ihn immer wieder und lässt ihn anschließend verbal abblitzen, indem sie z. B. erklärt: «Ich könnte ja noch mehr sagen, aber das tue ich jetzt nicht.» Nach kurzer Zeit verliert Stefan die Beherrschung. Er springt auf, läuft aufgebracht durch den Raum auf Uta zu und beschimpft sie auf unglaubliche Weise: «Du bist die letzte Schlampe . . . So Frauen wie dich kenne ich, die sollte man umbringen.»

Wie würden Sie – in der Rolle der Seminarleitung – jetzt reagieren?

Frau Schneider ist wie vor den Kopf geschlagen. Die Teilnehmer machen einen völlig paralysierten Eindruck, und auch Frau Kant fühlt sich zunächst absolut hilflos. Ein Gedanke jagt in ihrem Kopf den anderen: «Das kann nicht wahr sein. Wie stoppt man den? Was macht man? Festhalten kann ich ihn nicht, er ist stärker. Vielleicht kann mir einer der Teilnehmer helfen, Stefan rauszuschmeißen?! Ich muss Uta unbedingt schützen! Was hier abläuft, hat nichts mit diesem Seminar zu tun!»

Schließlich fährt Simone Kant Stefan an: «Hör auf! Hör auf, sonst muss ich dich hier rausschmeißen, so geht das nicht.» Stefan ist auf der Stelle still und sieht ebenso erstaunt aus wie die anderen Teilnehmer. Frau Kant spricht weiterhin mit ihm, als hätte sie es mit einem hysterischen Kind zu tun: «So, jetzt setz dich hier hin und beruhige dich.» Uta fängt indessen an, hemmungslos zu weinen.

Wie würden Sie – in der Rolle der Seminarleitung –
jetzt reagieren?

Reflexion

In Uta wurde durch den Konflikt mit Stefan viel ausgelöst. Die Trainerin sprach zunächst vor der Gruppe und anschließend nochmal unter vier Augen mit ihr. Es wurde deutlich, dass das Problem für Uta nicht darin lag, was Stefan getan und gesagt hatte. Sie weinte aus Erkenntnis darüber, was sie selbst mit ihm gemacht und wie sie zu der Eskalation des Konfliktes beigetragen hatte. Im Kontext der Klärungshilfe hatte sie etwas Wesentliches über sich gelernt. Uta war trotz der Tränen und ihrer emotionalen Betroffenheit in der Lage, für ihre Bedürfnisse zu sorgen und für sich und ihr Verhalten die Verantwortung zu übernehmen. Aus diesem Grund war es der Leiterin auch möglich, ihr den Raum zu geben, den sie brauchte, um sich zurückzuziehen und mit sich selbst wieder ins Reine zu kommen. Für viele der anderen Teilnehmer war es schwer auszuhalten, Uta in ihrem Weinen nicht aktiver trösten zu können bzw. zu dürfen. Diese Problematik nahm die Trainerin auf und thematisierte sie abschließend in der Gruppe.

Auf der anderen Seite wurde ebenfalls deutlich, dass Stefans Wut nicht ausschließlich mit der gegenwärtigen Situation und mit Uta zu tun hatte.

Die beiden Teilnehmer sind in einem aktuellen Konflikt aufeinander getroffen, der aber Wurzeln in kritischen Lebenserfahrungen auf beiden Seiten hatte. Uta war vermutlich Projektionsfläche für die Verletzungen, die Stefan durch (andere) Frauen zugefügt worden waren, und er seinerseits wurde zur Projektionsfläche für ihre durch (andere) Männer verursachten Verletzungen. Die Auseinandersetzung galt nur zum Teil dem tatsächlichen Gegenüber. Beide machten dem jeweils anderen Vorwürfe, die gar nicht oder nicht nur ihm galten. Die Trainerin zog für sich folgende Lehre aus der Situation: «Es war zwar richtig, der Auseinandersetzung Zeit einzuräumen, genauso wichtig war es aber, Grenzen zu setzen.»

> ● Es ist richtig, dem Raum zu geben, was im Raum ist, aber irgendwo ist Schluss.

So kann man's auch machen ...

Unvorhergesehene Konfliktklärungen müssen von der Gruppe mitgetragen werden

In dem oben dargestellten Fall kannten sich die Teilnehmer des Seminars bereits seit längerem, und die Atmosphäre in der Gruppe ließ eine Klärung im Kontext des Seminars zu. Kommt es zu einem offenen Konflikt zwischen Teilnehmern, hat der Trainer die Aufgabe, zunächst zu prüfen – ggf. mit einer Frage an die Gruppe –, ob die Teilnehmer mit einer Konfliktklärung vor der Gesamtgruppe umgehen können bzw. einverstanden sind. Zur Einschätzung dieser Frage muss der Trainer seine persönliche Wahrnehmung der Atmosphäre in der Gruppe und natürlich die Beteiligten selbst zurate ziehen. Sowohl der Prozess der Konfliktklärung als auch die anschließende Auswertung muss von den Teilnehmern mitgetragen werden können. Ist der Leiter an dieser Stelle unsicher, empfiehlt es sich in jedem Fall, eine Klärung im kleinen Kreis – Beteiligte und Moderator/en – vorzuziehen.

Lerneffekt für alle?

In einer Situation, in der ein Konflikt zwischen Teilnehmern offensichtlich wird und diese Beziehungsstörung die Arbeitsfähigkeit der Beteiligten zu stark einschränkt, sollte der Leiter zunächst prüfen, ob eine Thematisierung des Konfliktes einen Lerneffekt für alle Teilnehmer des Seminars mit sich bringt. In vielen fachspezifischen Seminaren wäre die oben genannte Vorgehensweise nicht angebracht gewesen. Da es sich in der Beispielsituation jedoch um ein Seminar zum Thema Gesprächsdiagnose handelte und die Leiterinnen die Situation im Anschluss nutzen konnten, um sie mit dem Gelernten zu verbinden, sprach in diesem Fall viel für eine Klärung im Seminarkontext. Grundvoraussetzung für ein solches Vorgehen ist die Möglichkeit, das Seminar zeitlich flexibel umgestalten zu können.

Klare Grenzen setzen

Vielen Leitern geht es in Situationen wie der oben beschriebenen darum, Teilnehmer zu schützen. Sie fühlen sich für das Seminarklima verantwortlich. In diesem Zusammenhang ist es wichtig, Grenzen setzen zu können. Die Leitung muss sich darüber im Klaren sein, welches Verhalten akzeptabel und welches nicht zu tolerieren ist. Der Trainer darf sich nicht scheuen, einzugreifen, wenn es zu Konflikten zwischen Teilnehmern kommt. Eine Möglichkeit, klare Grenzen zu setzen, ist z. B., zu sagen: «Stopp! So was passiert hier in meinem Seminar nicht! Egal, was für ein Problem Sie miteinander haben!», und klarzustellen, wie Kommunikation in diesem Seminar funktioniert; was durch die Leitung geduldet wird und was nicht.

Weg von den Personen, hin zu den Positionen

Der Trainer sollte versuchen, einen Teilnehmer, der sich durch sein Konfliktverhalten isoliert, zu schützen und gleichzeitig den anderen beteiligten Teilnehmer zu berücksichtigen. In einer solchen Situation ist es ratsam, den Konflikt zu versachlichen, indem der Leiter die Diskussion auf die Metaebene* hebt und anhand des Antinomiegedankens* bzw. des Wertequadrates* verdeutlicht, dass beide Seiten gute Gründe für ihr Verhalten haben und dass die Werte, die sie mit ihrer Position vertreten, sich nicht naturgemäß ausschließen, sondern sich u. U. auch integrieren lassen. Das Entscheidende ist: «Weg von den Personen, hin zu den Positionen!», und auch: «Antinomie statt Polarisierung!» Der Trainer sollte das Verbindende zwischen zwei Positionen suchen bzw. fördern.

● **Gehen Sie weg von den Personen, hin zu den Positionen.**

Konkret kann das heißen, dass der Trainer mit den unterschiedlichen Parteien die Werte, um die es den jeweiligen Personen geht, herausarbeitet und deutlich macht, dass es sich um zwei gleichberechtigte «Tugenden» – und nicht um richtige oder falsche Werte – handelt, die es im Folgenden auszubalancieren gilt. Auf diese Weise wird das Persönliche versachlicht und eine thematische Auseinandersetzung ermöglicht. Das heißt, dass die übergeordneten Werte, die sich in dem Konflikt manifestieren, ausgesprochen werden und die Klärung des Disputes in den thematischen Rahmen des Seminars gestellt wird.

Drei Möglichkeiten der Bearbeitung

Im Allgemeinen gibt es drei Möglichkeiten, mit Störungen umzugehen. Man kann auf der Beziehungs-, auf der Verhaltens- oder auf der Metaebene arbeiten. Das heißt, der Trainer hat die Wahl, ob er – z. B. im Rahmen eines Klärungsgesprächs – an der Beziehung arbeitet, mit Hilfe eines Rollenspiels ein bestimmtes Verhalten trainiert oder die Situation auf der Metaebene analysiert und bearbeitet. Die Metaebene erleichtert es den Teilnehmern häufig – mit Hilfe der größeren Distanz zu dem aktuellen Geschehen –, über ihre Gefühle zu sprechen. Welches Vorgehen angebracht ist, kann von der Situation, der Beziehung der Teilnehmer zum Trainer, ihrer Beziehung untereinander und dem Gefühl des Trainers abhängig sein.

Bearbeitung «tiefen» oder «flachen»

An dieser Stelle bietet sich ein Exkurs zu dem Stufenmodell «der (Ab-)Gehobenheit, der Vertiefung und der Emporhebung» von Schulz von Thun an. Das Modell zeigt anhand von Beispielen sieben Stufen, auf denen die Arbeit mit persönlichen Fragestellungen der Teilnehmer stattfinden kann, sowie die Interventionen, die verschiedene «Tiefe-Ebenen» fördern. Das heißt, es gibt verschiedene Interventionen in der Arbeit mit den persönlichen Fragestellungen der Teilnehmer, die zu einer größeren

Intensität und «Ich-Nähe» der Bearbeitung bzw. zu einer Abflachung der Intensität führen können.

Die Fragen nach einem Beispiel, nach inneren Reaktionen oder nach der aktuellen Stimmung sind Interventionen, um mehr Tiefe zu fördern. Das Einbeziehen der Gruppe oder Verallgemeinerungen reduzieren hingegen die Tiefe.

Interessen erkunden

Bei einem Konflikt zwischen Teilnehmern treten zunächst nur die Positionen (s. o.) zutage. Macht der Trainer den Konflikt zum Thema, muss er versuchen, die Interessen hinter den Positionen zu erfragen, damit es den Teilnehmern möglich wird, sich gegenseitig zu verstehen und aufeinander zuzugehen.

Hierzu ein Beispiel:

Zwei Schwestern streiten sich um eine Orange. Die beiden argumentieren miteinander und führen ins Feld, wer die Orangen gekauft hat; wer bisher die meisten gegessen hat; wer beim letzten Mal mehr Orangen bekommen hat; wer die letzte genommen hat etc. Die Diskussion zieht sich hin, und die Fronten verhärten sich immer mehr, da beide Schwestern der Ansicht sind, ein Anrecht auf die letzte Orange zu haben. Schließlich kommt die dritte der Schwestern hinzu und fragt, warum jede der Streitenden die letzte Orange bekommen will. Die eine Schwester erklärt, dass sie die Orange auspressen möchte, um den Saft zu trinken. Die andere Schwester möchte einen Kuchen backen und braucht dafür die Schale der Orange.

● **Wie lautet das Interesse hinter der Position?**

Die Interessen, die hinter einer Position stehen, sind von entscheidender Bedeutung. Sind sie erst einmal deutlich geworden, ergeben sich häufig neue Handlungsspielräume und Lösungsmöglichkeiten für alle Beteiligten.

Vorsicht: Wie man mit sich selbst umgeht, so geht man auch mit Gruppen um!

Es ist wichtig, die eigenen Kerben, Fallen und Verhaltensmuster zu kennen. Bei Konflikten unter Teilnehmern kann es passieren, dass der Trainer mit der Gruppe so umgeht, wie er auch mit sich selbst umzugehen pflegt.

Ein Beispiel:

In einem Fachseminar kommt es zu einer Auseinandersetzung zwischen Teilnehmern. Die Trainerin fragt nach, wie sie die angedeuteten Sticheleien der beiden betroffenen Personen verstehen soll. Als ihr von dem Konflikt berichtet wird, beteiligt sie die Teilnehmer am Entscheidungsprozess und fragt nach, wie das weitere gemeinsame Vorgehen aussehen soll. Als die Teilnehmer sich auf ihre Frage, ob sie noch mehr Zeit und Raum für das Problem brauchen, nicht näher äußern, deutet die Trainerin das Schweigen als Einverständnis, im Thema weiterarbeiten zu können.

Aufgrund des Konfliktes und der damit verbundenen Störung sind die betroffenen Teilnehmer in der folgenden Einheit jedoch nicht mehr in der Lage, aktiv mitzuarbeiten. Im Nachhinein wurde klar, dass die Teilnehmer zu sehr mit sich beschäftigt waren, um in dem Moment ihre Wünsche äußern zu können, und dass die Trainerin – als Leitung – einmal mehr mit einem für sie problematischen Thema konfrontiert wurde. Sie ging so mit der Gruppe um, wie sie tendenziell auch mit sich selbst umgeht, nämlich sehr zielorientiert und häufig die eigenen Gefühle und Bedürfnisse übergehend.

An diesem Beispiel wird deutlich, wie wichtig es ist, die eigenen «Fallen» gut zu kennen, da man gerade in schwierigen Situationen dazu neigt, hineinzutappen. In diesem Fall wäre es besser gewesen, die Trainerin hätte auf der einen Seite ihren Eindruck, dass es möglich ist, am Thema inhaltlich weiterzuarbeiten, überprüft und sich auf der anderen Seite für die Bearbeitung des Konfliktes mehr Zeit genommen. Eine Möglichkeit wäre gewesen, den Teilnehmern mehr Verantwortung abzunehmen und die Situation stärker anzuleiten, z. B., indem die Leitung die Antagonisten gedoppelt hätte (s. u.).

Doppeln

Doppeln ist nach Thomann und Schulz von Thun (1988) dem aktiven Zuhören und der Grundtechnik der Gesprächstherapie verwandt. Der Klärungshelfer geht beim Doppeln folgendermaßen vor: Er holt die Erlaubnis der Person ein, die er doppeln möchte, spricht für sie in der Ich-Form und erfragt anschließend die Zustimmung oder die Korrektur des Betreffenden. Es geht darum, den «inneren Kern dessen, was den Protagonisten bewegt, was er aber (noch) nicht in Worte fassen konnte», zu berühren (Schulz von Thun, 1996). Das Doppeln fördert die klare Kommunikation zwischen den Parteien. Allerdings ist zu bedenken, dass es sich beim Doppeln um eine Intervention handelt, die schnell sehr tiefend wirkt und ins persönliche Erleben und Fühlen der Teilnehmer führt. Der Leiter muss, um nicht die Grenzen der betreffenden Person zu übergehen, den Kontakt zu ihr halten und sich immer wieder rückversichern, dass das Geschehen in ihrem Sinn ist.

Beim Doppeln geht es aber nicht nur um die Verbalisierung emotionaler Erlebnisinhalte, sondern auch um die Ergänzung, Klärung und Drastifizierung von Sache, Selbstaussage, Beziehung und Appell, den vier Seiten einer jeden Äußerung (Schulz von Thun, 1981). Doppeln entspricht einem «Übersetzungsvorgang, der aus verworrenen, indirekten und unklaren Sach- und Beziehungsaussagen eine klare Aussage macht, die möglichst wenig Beziehungsstachel enthält, das heißt, für den Angesprochenen so annehmbar wie möglich wird». Sprechen die am Konflikt beteiligten Personen die kritischen Themen nicht deutlich an, so kann der Moderator auf der anderen Seite auch Aussagen der Betroffenen drastifizieren, um den Klärungsprozess zu fördern.

Allparteilichkeit als oberstes Gebot

Ein Grundsatz, der für Trainer von entscheidender Bedeutung sein kann, ist die Allparteilichkeit. Entscheiden sich die Beteiligten dafür, einen Konflikt im Rahmen des Seminars zu bearbeiten, wird der Leiter zum Konfliktmoderator und zum Klärungshelfer. Das heißt, bei einem Streit zwischen Teilnehmern achtet er in seiner Funktion als Moderator auf «die Wahrung der Form und die Einhaltung des guten Tons». Er gibt Struktur, indem er beispielsweise dafür sorgt, dass die Gesprächsanteile beider Konfliktparteien ausgewogen sind und es nicht zu verbalen Übergriffen kommt. Er bereitet zudem den Boden dafür, dass das zur Sprache kommen kann, was für diesen Konflikt wichtig ist. Dies kann z. B. mit Hilfe von gezielten Fragestellungen oder der Darstellung seiner Wahrnehmung der Situation geschehen. Steht die Klärung an, erarbeitet der Moderator mit den Beteiligten die zugrunde liegenden Beziehungsprobleme und versucht, das Verständnis zwischen den Parteien zu fördern, z. B.

● **Man muss nicht unparteiisch sein, aber allparteilich.**

mittels der bereits beschriebenen Intervention des Doppelns. Es ist wichtig, an dieser Stelle allen Beteiligten deutlich zu machen, dass «dem anderen zuhören» nicht automatisch auch «den anderen verstehen» bedeutet; und dass «den anderen verstehen» nicht gleichzusetzen ist mit «Ich bin mit dem Verstandenen auch einverstanden». Ziel der Klärung sollte es sein, ein Zuhören zu ermöglichen und ein gegenseitiges Verstehen zu fördern. Anschließend kann über ein Einverständnis diskutiert werden.

Gerade wenn eigene Themen des Trainers mit im Spiel sind, besteht die Gefahr, im Konflikt «parteilich» zu werden. Folgendes Beispiel soll zur Verdeutlichung dienen:

Im Rahmen einer Diskussion fühlt sich der Trainer verpflichtet, eine Frau, die von einer anderen Teilnehmerin verbal stark bedrängt wird, aktiv zu schützen.

Im Nachhinein wurde deutlich, dass sich die Frau gut selbst hätte zur Wehr setzen können und dass sein Beschützerinstinkt stärker war als ihr Schutzbedürfnis. Die Situation wurde zwar nicht schwierig, aber der Trainer hätte sich gewünscht, dass er in der Lage gewesen wäre, die Frau ihre eigenen Kämpfe ausfechten zu lassen.

Wenn ein Trainer parteilich wird, sollte er sich vor Augen führen, dass es für jedes Teilnehmerverhalten, wie ungewöhnlich es dem Trainer selbst auch erscheinen mag, einen (Hinter-) Grund gibt. Eine Aufgabe des Trainers ist es, sich

● **Es gibt einen (Hinter-)Grund dafür, warum die Person so ist, wie sie ist.**

um Verständnis zu bemühen. Wenn man als Leiter den einen Konfliktpartner wesentlich sympathischer findet und innerlich für ihn Partei ergreift, hat man in der Regel die andere Person noch nicht richtig verstanden.

Checkliste: Konflikte zwischen einzelnen Teilnehmern

- [ ] Wer ist in seiner Arbeitsfähigkeit eingeschränkt, wer hat ein Problem?
- [ ] Inwiefern bin ich selbst – mit meinen «Kerben» – betroffen?
- [ ] Geht es hier um aktuelle oder historisch gewachsene Konflikte?
- [ ] (Wie) Lassen sie sich im Rahmen dieses Seminars bearbeiten?
- [ ] Sind die beteiligten Parteien bereit, an dem Konflikt zu arbeiten?
- [ ] Sind die Betroffenen, wenn ich sie an der Seminargestaltung beteilige, in der Lage, freie Entscheidungen zu treffen, oder sind sie zu stark in den Konflikt involviert?
- [ ] Muss (s)ich eine der Parteien schützen?
- [ ] Fühle ich mich der Bearbeitung dieses Problems gewachsen? – (Wie) Kann ich die Beziehungsklärung im Rahmen meines Auftrags durchführen?
- [ ] Was kann ich tun, um die Arbeitsfähigkeit der Beteiligten wiederherzustellen, wenn das Problem nicht in diesem Rahmen zu bearbeiten ist?
- [ ] Welche Ebene der Klärung ist hier angebracht: die Beziehungs-, die Verhaltens- oder die Metaebene? Was traue ich mir zu?
- [ ] Passt die Thematisierung des Konfliktes in das Seminar?
- [ ] Ist sie mit meinem Auftrag zu verbinden?
- [ ] Wie gefestigt ist die Gruppe? Kann die Konfliktklärung im Kreis aller Seminarteilnehmer durchgeführt werden, oder sollte sie eher in gesondertem Rahmen stattfinden?

● 6.2 Lagerbildung

Erfahrungsgemäß regulieren sich viele Gruppen bei Konflikten in Seminarkontexten selbst und entwickeln auch ohne die Intervention des Trainers bzw. Moderators Lösungen. Allerdings kann es, setzt sich die Gruppe beispielsweise von vornherein aus Vertretern verschiedener Bereiche bzw. Berufe zusammen, bei Konflikten zwischen Teilnehmern auch zu der Bildung von Lagern kommen. Gibt es außerdem dominante – und überzeugende – Rädelsführer in der Gruppe, wird eine Lagerbildung zusätzlich begünstigt.

Zur Verdeutlichung der Lagerbildungsproblematik ein Beispiel aus einem Workshop:

Lagerbildung in der Anfangsrunde

Die Teilnehmer des Workshops zum Thema Arbeitnehmervertretungen sind Jugend- und Auszubildendenvertreter aus Banken und Versicherungen. Die Banker stammen aus West- und die Versicherungsangestellten aus Ostdeutschland. Um die Veranstaltung nach den Bedürfnissen der Teilnehmer ausrichten zu können, beginnen die Leiter Sven Hahn und Ulf Riepen mit einer sehr offen gehaltenen Erwartungsabfrage: «Wir möchten diesen Workshop in erster Linie an Ihren Bedürfnissen und Interessen ausrichten. Damit wir darauf im Laufe der nächsten Tage auch wirklich eingehen können, ist es für uns wichtig, jetzt zu Beginn des Seminars zu erfahren, wo wir Schwerpunkte in der Arbeit setzen wollen und was hier inhaltlich behandelt werden soll, damit Sie am Ende der zweieinhalb Tage gut gerüstet zurück in Ihre Unternehmen gehen können.» Die Vertreter der Berufsgruppen bringen daraufhin sehr genaue und sehr unterschiedliche Vorstellungen ein.

Mehreren Vertretern der Versicherungsangestellten aus den neuen Bundesländern sind die Themen Mitwirkungs- und Beschwerderecht des Arbeitnehmers und die Gestaltung von Arbeitsplatz, Arbeitsablauf und Arbeitsumgebung besonders wichtig, während ein Großteil der Bankangestellten aus den alten Bundesländern ihren Schwerpunkt stärker auf die Mitwirkung in wirtschaftlichen Angelegenheiten und bei personellen Einzelmaßnahmen legt.

Die Positionen verhärten sich im Lauf der Diskussion immer mehr, da alle Teilnehmer an ihren spezifischen Wünschen festhalten. Es gibt kaum Bewegung aufeinander zu. Die einzige Veränderung besteht im Laufe der Zeit darin, dass sich aus den anfangs vorhandenen Einzelerwartungen in dem anschließenden Verdichtungsprozess zwei Lager bilden. Auf der einen Seite stehen die Versicherer aus den neuen Bundesländern, auf der anderen die westdeutschen Banker. Schließlich geht es nicht mehr primär um die Inhalte, sondern darum, welche Gruppe sich durchsetzt.

Wie würden Sie – in der Rolle der Seminarleitung – jetzt reagieren?

Sven Hahn und Ulf Riepen ist es wichtig, dass die Gruppe sich eigenständig entscheidet und Prioritäten setzt. Aus diesem Grund geben sie nicht vor, wie es in dieser Pattsituation weitergehen soll. Der Entscheidungsprozess zieht sich immer mehr in die Länge, und die Zeit wird zunehmend knapper. Die zugespitzte Situation ist für alle Beteiligten nervenaufreibend. Vorgesehen war, die Themensammlung am Abend abzuschließen, aber die Zeit vergeht, und es gibt kein Vor und kein Zurück. Für die Trainer gestaltet es sich sehr schwierig, den Ball immer wieder an die Gruppe zurückzugeben und zu sagen: «Versuchen Sie doch mal, das selbst zu lösen. Der Workshop ist so ausgelegt und geplant, dass Sie als

Gruppe maßgeblich entscheiden, worum es hier gehen soll und welche Themen bearbeitet werden. Inhaltlich können wir die gewünschten Themengebiete problemlos darstellen.»

Die Diskussion in der Gruppe geht weiter. Diverse Teilnehmer ziehen sich immer mehr zurück und reduzieren ihre Beteiligung am Prozess.

Wie würden Sie – in der Rolle der Seminarleitung – jetzt reagieren?

Sven Hahn und Ulf Riepen schlagen schließlich vor: «Wenn Sie sich nicht auf gemeinsame Schwerpunkte einigen können, sollten wir versuchen, beide Themenblöcke zu bearbeiten und den Zeitrahmen entsprechend zu gestalten.» Der Konflikt in der Gruppe ist jedoch schon so weit fortgeschritten, dass die Auseinandersetzung der Teilnehmer sich nun darauf konzentriert, welches Thema zuerst bearbeitet wird. Ulf Riepen äußert Sven Hahn gegenüber die Vermutung: «Vielleicht besteht die Befürchtung, dass das zweite Thema aus Zeitmangel nicht mehr mit der gleichen Sorgfalt und Intensität – auch vonseiten der anderen Teilnehmer – bearbeitet wird.»

Da die Teilnehmer – trotz der Versicherung der Trainer, beide Themen gleichermaßen ausführlich zu behandeln – auf den Vorschlag der Leiter nicht eingehen wollen, bieten diese schließlich eine Notlösung an: «Wir können die Gruppe, da wir ja zu zweit sind, an dieser Stelle auch teilen. Dann werden in den beiden Teilgruppen die jeweils gewünschten Themen bearbeitet, und im Anschluss daran tragen sich die beiden Gruppen gegenseitig ihre Ergebnisse vor.» Die Teilnehmer reagieren auf diesen Vorschlag nicht begeistert, nehmen ihn aber an. Die Teilung findet schließlich weder zwischen Banken und Versicherungen noch auf der inhaltlichen, sondern auf der Ost-West-Ebene statt. Dieses unausgesprochene Thema beeinflusst das ganze Seminar auf unangenehme Weise. Es werden zwei Arbeitsgruppen gebildet, die getrennt an ihren jeweiligen Themen arbeiten. Am Ende präsentieren die Arbeitsgruppen ihre Ergebnisse im Plenum. Bei der jeweils anderen Gruppe sind allerdings kaum Interesse und Aufmerksamkeit vorhanden.

Reflexion

Nach Ansicht der Leitung war es ein Fehler, mit der Erwartungsabfrage zu beginnen. Am Anfang nach den Erwartungen zu fragen kann sich zu einem Spiel mit dem Feuer entwickeln. Des Weiteren wäre es wünschenswert gewesen, einen Weg zu finden, der verhindert hätte, dass sich die Lagerbildung so nachhaltig durchsetzt. Es wäre angebracht gewesen, in Bezug auf die Ost-West-Problematik Farbe zu bekennen. Das hätte ggf. bedeutet, zu einem Zeitpunkt, an dem die Teilnehmer schon in den Kleingruppen arbeiteten, zu intervenieren und die Arbeit noch einmal zugunsten des Prozesses zu unterbrechen. Es wäre hilfreich gewesen, transparent zu machen, was gerade in der Gruppe passiert, und das Geschehen mit den Teilnehmern unter der Fragestellung «Soll das so weiterlaufen?» zu thematisieren.

So kann man's auch machen ...

Systemklärende Fragen stellen

Eine Möglichkeit, der Lagerbildung vorzubeugen, ist ein Seminarbeginn unter Zuhilfenahme von Fragen, die unterschiedliche bestehende Systeme und Zusammenhänge aufzeigen. Dieses Vorgehen sollte angewandt werden, wenn deutlich wird, dass verschiedene Untergruppen an einer Veranstaltung teilnehmen. Aber auch bei völlig heterogenen Gruppen und Teilnehmern, die sich im Rahmen des Seminars zum ersten Mal begegnen, kann das Stellen systemklärender Fragen hilfreich sein. Bestehende Grenzen vermischen sich, und gleichzeitig werden Gemeinsamkeiten auf unterschiedlichen Ebenen, die der Leiter durch gezielten Einsatz der Fragen beeinflussen kann, geschaffen. Es ist erstrebenswert, möglichst unterschiedliche «Gruppenbildungen» anzuleiten.

In dem oben dargestellten Beispiel hätte der Trainer klar herausstellen sollen, welche Lager vermutlich vorhanden sind, und anschließend möglichst viele Varianten der Gruppenbildung nutzen können, um «Brücken» zu schlagen. Systemklärende Fragen könnten in diesem Fall sein:

- Wer kennt wen?
- Wer arbeitet mit wem zusammen?
- Wer arbeitet im gleichen Unternehmen?
- Wer wohnt noch bei seinen Eltern? Wer nicht?
- Wer ist noch in der Ausbildung? Wer hat Kinder? Wer raucht? etc.

Durch diese Fragen schafft der Leiter Transparenz, verdeutlicht Gemeinsamkeiten und Unterschiede und erleichtert den Teilnehmern ein konstruktives Miteinander.

Erfahrungsabfrage statt Erwartungsabfrage

Statt nach Erwartungen zu fragen, kann es hilfreich sein, die Erfahrungen mit der Thematik des
Seminars zu erfragen, z. B.: «Welche Schlüsselsitua-
tionen haben Sie erlebt, die im Zusammenhang
mit dem stehen, was Sie bearbeiten möchten? Wo

● **Es müssen nicht alle Teilnehmer-wünsche erfüllt werden.**

haben Sie Erfahrungen gemacht, zu denen Sie hier etwas lernen möchten? Was für Erfahrungen haben Sie bisher mit unserem Seminarthema gemacht?» Auf diese Weise erfährt der Trainer etwas über die Bedürfnisse der Gruppe und erreicht, dass
die Teilnehmer ein Gefühl dafür bekommen, wo sie stehen, was
sie (all)täglich im Zusammenhang mit dem Thema erleben
und was sie in dem Seminar lernen und daraus mitnehmen wollen. Auf diese praxisorientierte Weise kommt der Leiter leichter
an das eigentliche Interesse der Teilnehmer heran als über eine
abstrakte Erwartungsabfrage. Im Anschluss an die Erfahrungs-
abfrage werden Gemeinsamkeiten zusammengetragen und
Themenkomplexe zusammengefasst. Bei größeren Gruppen
(z. B. ab 12 Teilnehmern) empfiehlt es sich, die Erfahrungsab-
frage in Form einer Gruppenarbeit anzuleiten.

Ein paar grundsätzliche Gedanken zur Erwartungsabfrage

Die Frage nach Erwartungen ermöglicht einerseits, das Seminar sehr nah an den Bedürfnissen der Teilnehmer auszurichten,
andererseits sind dieser Orientierung auch Grenzen gesetzt, beispielsweise durch die Fachkompetenz des Trainers oder durch
klare Vorgaben des Auftraggebers. Diese Grenzen sollten berücksichtigt werden, wenn sich der Trainer für oder gegen eine
Erwartungsabfrage entscheidet und wie er diese formuliert,

z. B. «Welche Erwartungen haben Sie an dieses Seminar?», «Welches Interesse haben Sie an diesem Thema?» oder auch «Welche Fragen bringen Sie zu diesem Thema mit?». Entscheidet sich der Trainer für eine Erwartungsabfrage, bedeutet dies nicht zwangsläufig, dass er sein Seminarkonzept bei einer Abweichung sofort umstellen muss. Allerdings sollte er in jedem Fall die Diskrepanz klar benennen und aufzeigen, welche Erwartungen im Seminar aufgegriffen werden können und welche nicht. Dabei ist auch zu bedenken, dass viele Teilnehmer zu Beginn des Seminars noch sehr unkonkrete Vorstellungen darüber haben, was sie erwarten. Häufig werden Erwartungen geäußert, weil sie abgefragt werden, und nicht, weil der Teilnehmer tatsächlich von einer unbedingten Erfüllung dieser Interessen ausgeht. Gleichzeitig ist anzunehmen, dass der Trainer die Inhalte sorgfältig ausgewählt und ein sinnvolles Konzept entwickelt hat. Trennt er sich zu schnell von seinem Konzept, besteht die Gefahr, dass er anstelle von Flexibilität und Teilnehmerorientierung vielmehr Unsicherheit vermittelt – letztlich ist *er* der Fachmann für das Vorgehen! Auch vor diesem Hintergrund sollte er sein Konzept also nicht zu schnell umstellen, sondern gut prüfen und gegebenenfalls diskutieren, was die Teilnehmer wirklich benötigen: «Nachdem ich mir ein Bild davon gemacht habe, mit welchen Erwartungen Sie in dieses Seminar gekommen sind, habe ich den Eindruck, dass das, was ich mir im Vorwege dazu überlegt habe, nicht zu Ihren Erwartungen passt. Ich möchte Ihnen mal vorstellen, was geplant war, und danach gemeinsam mit Ihnen beraten, wie wir weiter vorgehen werden.» Machen die geplanten Inhalte aufgrund der aktuellen Bedürfnisse oder der Vorgeschichte der Teilnehmer keinen Sinn, so handelt es sich um eine weitere spezielle Situation, die wir im nächsten Kapitel genauer betrachten.

Checkliste: Lagerbildung

- [ ] Um was für eine Gruppe handelt es sich?
- [ ] Ist die Gefahr der Lagerbildung gegeben?
- [ ] Was verbindet die Teilnehmer (vermutlich), und was trennt sie?
- [ ] Sollte ich zu Beginn, um einer Lagerbildung vorzubeugen, systemklärende Fragen stellen? Wie könnten sie lauten?
- [ ] Was möchte ich von den Teilnehmern des Seminars erfahren?
- [ ] Geht es mir um Wünsche, Erwartungen oder Erfahrungen?
- [ ] Welche Chancen und welche Risiken birgt die Abfrage von Wünschen, Erwartungen bzw. Erfahrungen im Rahmen meines Seminars?
- [ ] Was ist das Ziel einer solchen Abfrage?
- [ ] Wie sehe ich meine Leitungs- und Interventionsaufgabe im Rahmen dieses Seminars?

Eine Lagerbildung im Seminar kann auch aufgrund von Schwierigkeiten zwischen zwei Leitern entstehen. Auf diesen Sonderfall von Lagerbildung gehen wir in dem Kapitel «Schwierigkeiten mit dem Ko» ein.

7. Teilnehmer contra Thema

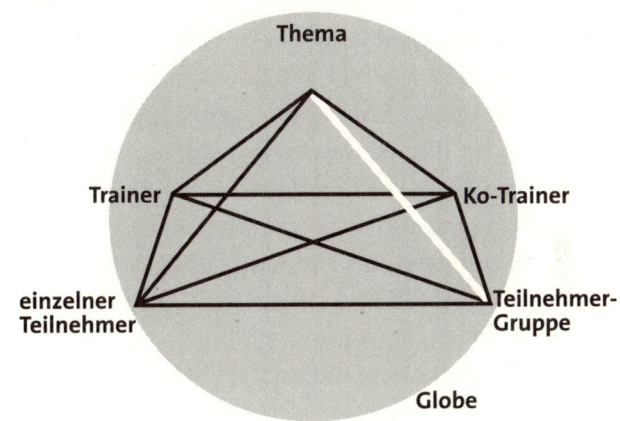

Eine kritische Einstellung der Teilnehmer gegenüber dem Thema ist nicht selten, muss allerdings nicht unweigerlich eine schwierige Situation zur Folge haben. Im positiven Fall kann eine kritische Haltung auch für Reflexionsfähigkeit und die Bereitschaft zur Auseinandersetzung stehen, welche für die Seminararbeit konstruktiv genutzt werden können. Im negativen Fall entsteht aus der kritischen Haltung gegenüber einem Thema oder gegenüber einer Methode Ablehnung bis hin zu massivem Widerstand.

Aus der Situation «Teilnehmer contra Thema» kann dementsprechend auch schnell das Phänomen «Schwierige Teilnehmergruppe» resultieren. Ob die Situation vom Trainer als das eine oder andere erlebt wird, hängt in erster Linie von seiner eigenen Betroffenheit ab. In der Regel ist die persönliche Betroffenheit des Trainers gering, solange seine Beziehung zu den Teilnehmern nicht im Vordergrund steht oder seine Kompetenz im Zusammenhang mit dem Thema nicht angezweifelt wird, solange er selbst also nicht in die «Schusslinie» gerät.

Ob eine Problematik zwischen den Teilnehmern und dem Thema einen Konflikt zwischen den Teilnehmern und dem Trainer nach sich zieht, hängt zum einen von der Art und Weise ab, wie die Gruppe ihre Kritik zum Ausdruck bringt. Zum anderen spielt eine Rolle, wie der Trainer das Verhalten der Gruppe interpretiert und wie er darauf reagiert. Der eine Leiter nimmt die Schwierigkeit auf der sachlichen, thematischen Ebene wahr; der andere fühlt sich durch die Ablehnung seines Themas persönlich angegriffen.

In diesem Kapitel liegt der Schwerpunkt auf Situationen, in denen die Schwierigkeit in der mangelnden Passung von Teilnehmerinteresse und geplantem Thema liegt. Auf Probleme, die auf der Beziehungsebene zwischen Teilnehmern und Trainer ausgetragen oder wahrgenommen werden, gehen wir in den Kapiteln «Der schwierige Teilnehmer» und «Schwierige Teilnehmergruppe» ein.

Die Schwierigkeit dieses Situationstyps ist in den meisten Fällen auf eine von zwei Ursachen zurückzuführen. Zum einen kann es vorkommen, dass die Teilnehmer kein Interesse an dem Thema haben bzw. dass das geplante Thema an den aktuellen Bedürfnissen der Teilnehmer vorbeigeht: ‹Thema verfehlt» (s. S. 155). Ein anderer Grund liegt vor, wenn den Teilnehmern ein Thema zu persönlich oder zu emotional erscheint. Die Ablehnung solcher Themen betrachten wir im zweiten Fall: «Das ist mir zu persönlich».

● 7.1 Thema verfehlt

Es kann sich während des Seminars herausstellen, dass das vorgesehene Thema nicht das «richtige» für die Teilnehmer ist. Eventuell ist der Bedarf der Teilnehmer ein anderer, vielleicht fehlt ihnen auch ein Zwischenschritt, bevor sie sich auf das Thema einlassen können. Widerstand der Teilnehmer äußert sich häufig durch Methodenkritik, Ungeduld, Arbeitsverweigerung oder auch durch demonstratives Desinteresse.

Im Folgenden wird die Erfahrung eines Trainers mit dieser Problematik dargestellt:

Da machen wir nicht mit!

Karl Semmer ist Trainer in einer Unternehmensberatung. Ein halbes Jahr zuvor hat er mit Abteilungsleitern eines mittelständischen Unternehmens ein Seminar durchgeführt. Aus der Veranstaltung ist damals der Wunsch nach einer weiteren Schulung zu dem Thema Personalbeurteilungen entstanden. Nun hat er den Auftrag, der gleichen Gruppe jenes Thema in einem zweitägigen Seminar mit zu vermitteln.

Die Teilnehmer kommen freiwillig und mit großem Interesse zu dem Seminar. Der erste Tag verläuft problemlos und nach Plan. Am zweiten Tag hören die Teilnehmer im Laufe des Vormittags diverse Vorträge. Als nächste Einheit hat Herr Semmer nun das Schreiben einer Beurteilung vorgesehen.

Während Herr Semmer die geplante Übung ankündigt, nimmt er bereits erste Anzeichen eines aufkommenden Widerstands wahr. Die Teilnehmer erscheinen ihm, im Vergleich zum Vortag, wenig motiviert und kaum interessiert. Die Aufmerksamkeit scheint auf diverse Dinge gerichtet zu sein, nicht aber auf die vorgesehene Übung. Verzogene Mundwinkel, verdrehte Augen, abwehrende Handbewegungen prägen das Bild, welches sich Herrn Semmer nun bietet. Eine fast «hörbare» Zurückhaltung macht deutlich, dass die Teilnehmer kein Interesse an dem Thema haben.

Wie würden Sie – in der Rolle der Seminarleitung – jetzt reagieren?

Herr Semmer entscheidet sich dafür, seine Beobachtung anzusprechen: «Bei mir entsteht der Eindruck, dass Sie an der Übung, so wie ich sie Ihnen vorgestellt habe, kein Interesse haben. Liege ich damit richtig?» Als die Teilnehmer seinen Eindruck bestätigen, fragt er noch einmal nach: «Woran liegt das?»

Frau Rosenberg ergreift daraufhin das Wort und schildert ihm die Situation der Teilnehmenden: «Vor einem Monat wurde von der Vorstandsebene durchgesetzt, dass wir, also alle Abteilungsleiter, über unsere Mitarbeiter Beurteilungen schreiben sollten. Und das innerhalb von kürzester Zeit. Neben dem laufenden Geschäft hatten wir zwei Wochen Zeit, diese fertig zu stellen. Und das war, je nach Abteilungsgröße, für einige extrem wenig Zeit. Zumal wir Beurteilungen bisher nicht schriftlich festgehalten haben. Das war für keinen von uns bloße Routine. Na ja, jedenfalls haben wir uns an diesen Beurteilungen also gerade die Finger wund geschrieben, um dann vor einigen Tagen mitzubekommen, dass die Beurteilungen im Endeffekt doch nicht benötigt worden sind! Dementsprechend ist die Motivation, sich jetzt mit schriftlichen Beurteilungen zu befassen, wirklich sehr, sehr gering!»

Wie würden Sie – in der Rolle der Seminarleitung – jetzt reagieren?

Herr Semmer handelt folgendermaßen:

«Ja, vor diesem Hintergrund leuchtet mir ein, dass Sie über meinen Vorschlag wenig begeistert sind. Dann hat ‹Beurteilungen schreiben› für Sie jetzt wirklich wenig Sinn. Lassen Sie uns mal überlegen, wie wir weitermachen können. Was könnte alternativ für Sie interessant sein?»

Gemeinsam mit der Gruppe beratschlagt Herr Semmer nun, welche anderen Möglichkeiten und Themen infrage kommen können. Da er noch Unterlagen zu dem Thema «Personalentwicklung» dabeihat, bietet er der Gruppe dies alternativ an: «Das ist bei uns ein ganz heißes Thema, vielleicht interessiert Sie das auch. Das würde aber bedeuten, dass Sie sich nochmal einen Vortrag anhören müssten. Hinterher würden wir dann darüber diskutieren, und Sie können sehen, was davon für Ihren Alltag sinnvoll und umsetzbar ist. Wir werden dann auch in Kleingruppen arbeiten, allerdings plane ich das jetzt für Sie aus dem Handgelenk. Wenn Sie in der Richtung weitermachen möchten, müssten Sie mir nochmal ein paar Minuten Zeit zur Vorbereitung geben.»

Die Teilnehmer sind mit diesem Vorschlag einverstanden. Herr Semmer bereitet entsprechende Pinnwände vor, und es geht mit dem neuen Thema weiter.

Reflexion

Die Rückmeldung der Teilnehmer bestätigte, dass die Wahrnehmung des Trainers bezüglich der Teilnehmerbedürfnisse richtig war. Die Gruppe war erleichtert, dass er seinen Eindruck angesprochen und flexibel reagiert hat. Im Nachhinein berichteten sie ihm, dass sie sich bereits auf Boykott und Arbeitsverweigerung eingestellt hatten.

Die geplante Einheit «Beurteilungen schreiben» ergab im

Gesamtablauf des Seminars zwar Sinn, nicht aber vor dem Hintergrund der Teilnehmer. Sie musste Ablehnung hervorrufen. Im Prinzip wurde das Seminar einige Wochen zu spät durchgeführt, einige Wochen zuvor hätten die Teilnehmer die entsprechende Schulung gebrauchen können.

Für den Trainer war es hilfreich, zu wissen, dass er als Leiter akzeptiert wurde. Die Beziehung zwischen ihm und der Gruppe war gut. Der Widerstand bezog sich nicht auf ihn, sondern auf das Thema. Auch empfand er es als «Joker», Unterlagen zu dem Thema «Personalentwicklung» dabeizuhaben, in dem er sehr versiert war.

Der Trainer hätte sicher seine Einheit durchsetzen können, wenn er sehr bestimmend gewesen wäre. Vermutlich wäre sie jedoch zu einer wenig erfolgversprechenden Pflichtübung geworden, und der Trainer hätte sich zudem den Unmut der Teilnehmer zugezogen.

Im Zusammenhang mit dieser Situation wird deutlich, welch große Relevanz der Orientierung an den Teilnehmerbedürfnissen und an dem Prozess in der Gruppe zukommt. Ein noch so brillantes Konzept ist weder wirksam noch sinnvoll, wenn es an dem Lernbedarf und der aktuellen Situation der Gruppe vorbeigeht. Der Trainer benötigt also eine gute Wahrnehmung für den Bedarf der Gruppe sowie die Bereitschaft und ein ausreichendes Maß an Flexibilität, um den Seminarablauf an aktuelle Anforderungen anzupassen.

So kann man's auch machen ...

Widerstand auf der Metaebene* ansprechen

Wie dieser Trainer sind auch viele andere der Meinung, dass ein Leiter, nimmt er eine Störung zwischen Teilnehmern und Thema wahr, diese auf der Metaebene ansprechen sollte. Für die Gruppe wird so ersichtlich, dass der Trainer den Widerstand bemerkt und dass er ihn ernst nimmt. Durch das Thematisieren kann zum einen ergründet werden, worauf die Arbeitsstörung zurückzuführen ist, zum anderen wird es möglich, gemeinsam eine geeignete Lösung, bei der möglichst viele Interessen berücksichtigt werden, zu ermitteln.

«Wo sind die Punkte, die Ihnen nicht gefallen? Wie soll das Seminar aussehen, damit es für Sie passt?» könnte eine Frage lauten. Oder: «Ich merke, dass das Thema, wie ich es vorbereitet habe, nicht das ist, was Sie wollen, aber Sie haben Interesse am Thema insgesamt. Wie, denken Sie, sollten wir damit umgehen? Das und das kann ich Ihnen anbieten ...!»

Verantwortung an die Teilnehmer abgeben

Vielfach hat sich auch die Einstellung bewährt, dass Teilnehmer, wenn sie Seminarbedingungen ablehnen, mitverantwortlich für die Veränderungen sind. Wenn man den Teilnehmern anbietet, vom Plan abzuweichen, gibt man auch ein Stück Verantwortung an sie ab. Das entlastet enorm. In diesem Sinne ist es ratsam, Transparenz zu schaffen und die Teilnehmer ernst zu nehmen. Es handelt sich um erwachsene, entscheidungsfähige Menschen, die ein Seminar mitgestalten können. Dabei ist es wichtig, Verantwortung an die Gruppe abzugeben, aber gleichzeitig für den Gesamtprozess verantwortlich zu bleiben. Das bedeutet, dass Teilnehmer aufgefordert werden, Themenvorschläge mit einzubringen, der Trainer allerdings der Fachmann für Inhalte und Methode bleibt. In diesem Sinne kommt der Orientierung an den Bedürfnissen der Teilnehmer eine große Bedeutung zu, gleichzeitig darf man die Teilnehmerorientierung nicht zu sehr ausreizen und sich aus der Verantwortung stehlen. Der Leiter hat eine dezidierte Verantwortung für anregende Lernbedingungen und für ein profundes fachliches und methodisches Know-how.

● **Es gilt, Teilverantwortungen an die Teilnehmer abzugeben, aber die Verantwortung für das Ganze zu behalten!**

Trainersituation transparent machen

Schwierig wird es für den Trainer, wenn die Wünsche der Teilnehmer nicht mit dem Auftrag zu vereinbaren sind. Der Leiter bewegt sich im Training in einem Spannungsfeld unterschiedlicher Interessen. Er hat die Interessen der Teilnehmer, der Auftraggeber, seine eigenen Interessen und eventuell die seines Vorgesetzten zu berücksichtigen. Wird im Seminar deutlich, dass sich diese Interessen nicht vereinbaren lassen, sollte der Leiter den Teilnehmern diese Problematik aufzeigen, z. B. folgendermaßen: «Ich habe einen konkreten Auftrag. Ich soll dieses Thema hier vermitteln. Das ist mit Ihrer Firma so vereinbart, und ich bekomme dadurch Schwierigkeiten, auf Ihre Forderungen zu reagieren.»

Eine rigorosere Art wäre: «Wenn Sie die Situation anders einschätzen als ich, ist das bedauerlich. Ich habe jetzt den Auftrag, mit Ihnen dieses Seminar zu machen, und ich möchte das auch gerne weiterführen. Wenn es Ihr Wunsch ist, werde ich Ihre Themenwünsche und Einwände an die Personalentwicklung weitergeben. Aber jetzt machen wir das Seminar erst einmal zu Ende.»

Thema und Situation der Teilnehmer verknüpfen

Unter Umständen gelingt es dem Trainer auch, das vorgegebene Seminarthema mit der Situation der Teilnehmer zu verbinden. Im obigen Beispiel könnte das so aussehen: «Bitte setzen Sie sich zu zweit zusammen und tauschen Sie sich darüber aus, welche Schwierigkeiten Sie beim Schreiben der Beurteilungen hatten (z. B.: Wie kann ich den Aufwand in Grenzen halten?). An diesen Punkten können wir dann weiterarbeiten und Lösungen entwickeln.» Auf diese Weise hat der Trainer ein Vorgehen gewählt, in dem er das Seminarthema nach wie vor berücksichtigt, sich jedoch zugleich flexibel auf die Situation der Teilnehmer einstellt.

Teilnehmer konfrontieren

Eine weitere Möglichkeit besteht darin, den oder die Teilnehmer damit zu konfrontieren, dass die Leitung das Seminar eventuell nicht nach den Vorstellungen der Teilnehmer ausrichten kann bzw. wird, z. B. anhand der Frage: «Was wird passieren, wenn ich Ihrem Wunsch jetzt nicht nachkomme? Wie gehen Sie damit um?» Oder noch provokanter und doch mit einladendem Charakter: «Dann wird das hier für Sie wie eine Rosskur sein.» Der Trainer macht somit deutlich, dass ihm der Einspruch der Teilnehmer bewusst ist, dass er das Vorgehen jedoch nicht ändern wird und es den Teilnehmern folglich zumutet. In diesem Fall muss ein Trainer allerdings auch mit Verärgerung vonseiten der Teilnehmer umgehen können, denn dass die Teilnehmer sofort nachgeben und folgsam den Anweisungen des Trainers lauschen, ist nicht garantiert.

Eventuell ergeben sich für den Teilnehmer andere Möglichkeiten, sich mit seinem Wunschthema zu befassen. Unter Umständen kann der Trainer den betreffenden Teilnehmern entsprechende Literaturhinweise geben.

Ein anderer Aspekt der Konfrontation besteht in der Demonstration der Standfestigkeit des Trainers. Ein Seminarleiter, der sehr schnell von seinem Thema abweicht, strahlt nicht viel Souveränität und Kompetenz aus. Er sollte schon das geplante Thema in bestimmtem Ausmaß verteidigen. Siehe auch «Ein paar grundsätzliche Gedanken zur Erwartungsabfrage» (S. 150).

Entspricht das Individualinteresse dem Gruppeninteresse?

Für den Trainer gilt es zudem zu prüfen, ob das von einer Person geäußerte Interesse an einem anderen Thema einem Individualinteresse entspricht oder ob die ganze Gruppe an einem Themenwechsel interessiert ist. Dies ist abzuklären, bevor der Trainer den thematischen Kurs ändert. In solchen Fällen bietet es sich an, ein klares Meinungs- bzw. Stimmungsbild aller Teilnehmer einzuholen. In einer Pattsituation kann der Trainer das Dilemma offen legen: «Was machen wir denn jetzt? Sieben Kollegen sind Ihrer Meinung, und die anderen sechs sind anderer Meinung. Was sollen wir nun aus Ihrer Sicht machen?» Gibt es hingegen eine deutliche Mehrheitsentscheidung, ist es ratsam, diese als Weichenstellung aufzunehmen.

Widerstand würdigen

Diese Haltung kann den Trainer in schwierigen Situationen enorm entlasten. Dass Teilnehmer nicht sofort alle Themen und Übungen mit Begeisterung aufnehmen, ist normal. Sich dessen bewusst

● **Lieber Widerstand als eine schweigende Masse!**

zu sein kann helfen, mit Widerstand der Gruppe umzugehen. Bringen Teilnehmer eine ablehnende Haltung dem Thema gegenüber zum Ausdruck, kann dies auch als aktive Auseinandersetzung betrachtet werden.

Spielraum für Themen der Teilnehmer lassen

Ein Tipp für Trainer ist, sich von der Vorstellung zu verabschieden, einen minutiös ausgearbeiteten Seminarplan abarbeiten zu können. Zwar empfiehlt es sich, nach wie vor mit einer detaillierten Planung ein Seminar vorzubereiten und den thematischen Rahmen abzustecken, doch sollte ein thematischer und methodischer Spielraum bestehen bleiben. Der Seminarplan kann dann so, wie vorgeschlagen, behandelt oder von den Teilnehmern durch ihre Themen modifiziert werden.

Ziel eines Trainers ist es, ein bestimmtes Thema zu transportieren, dieses muss allerdings von den Teilnehmern auch aufgegriffen werden. Wünschenswert ist folglich, dass die Teilnehmer Lust haben, mit der Thematik aktiv zu arbeiten. Somit besteht die Aufgabe des Trainers vornehmlich darin, so weit wie möglich die Bedingungen für ein solches Lernen zu schaffen.

Personen da abholen, wo sie stehen

Die ablehnende Haltung von Teilnehmern gegenüber einem Thema, insbesondere bei Inhalten mit psychologischem Hintergrund, kann ein Indiz dafür sein, dass ihnen die Bearbeitung zu schnell oder auch «zu nah» geht. Methodenkritik kann unter Umständen die Funktion haben, bestimmte Themen und Aufgaben – zum Beispiel Selbstreflexion – zu umgehen. Einige Teilnehmer brauchen mehr Zeit, um sich einem solchen Thema zu nähern. Für andere sind theoretische Erklärungen nötig, bevor sie sich auf dieses Thema einlassen können (siehe auch «Das ist mir zu persönlich»). Es gilt, den Teilnehmern zunächst das zu geben, was sie benötigen, damit sie sich auf die Thematik einstellen können, also Teilnehmer da abzuholen, wo sie stehen. Das kann bedeuten, mit viel Theorie in das Thema einzusteigen. Es kann auch bedeuten, den Widerstand der Teilnehmer ernst zu nehmen und sie einzuladen, sich tatsächlich erst einmal skeptisch zurückzulehnen und das Ganze aus der Distanz zu betrachten.

Skeptiker mit einbeziehen

Wird die skeptische Haltung einer oder mehrerer Personen deutlich, kann es hilfreich sein, dies an passenden Stellen wieder aufzugreifen, deutlich zu benennen und die betreffende Person explizit um eine Meinungsäußerung zu bitten: «Herr Kordes, Sie stehen dem Ganzen ja eher skeptisch gegenüber, wie sehen Sie diesen Sachverhalt?» Vorteilhaft für den Trainer ist an diesem Vorgehen, dass der oder die Teilnehmer Raum für ihre Kritik erhalten und somit einer «Untergrundbewegung»

● Würdige die Unterschiede, auch wenn nur einer da ist, der die Unterschiede hervorhebt!

vorgebeugt werden kann. Und spricht derjenige aus, was er kritisch sieht, hat der Trainer die Möglichkeit, darauf zu reagieren und mit dem Widerstand umzugehen. Wichtig dabei ist, die kritische Haltung des Teilnehmers tatsächlich – also auch innerlich – zu würdigen und sich dafür zu interessieren. Auf diese Weise kann es dem Trainer gelingen, eine arbeitsfähige Beziehung aufzubauen und den Teilnehmer als Vertreter einer sachlich unterschiedlichen Perspektive zu gewinnen.

Seminarankündigung und Vorbesprechung

Als nicht immer durchführbar, aber sehr erfolgversprechend erweisen sich Seminar-Vorbesprechungen. Hier hat der Leiter die Chance, sein Konzept vorzustellen und mit den Bedürfnissen der Teilnehmer abzugleichen. So kann der Trainer von den Teilnehmern im Vorfeld erfahren, was sie lernen und bearbeiten möchten. Es empfiehlt sich zudem, ausführliche Seminarankündigungen und Programme zur Verfügung zu stellen. Auf diese Weise können sich die Teilnehmer vorab über die Inhalte des Seminars informieren und sich darauf einstellen bzw. Änderungswünsche einbringen.

Eine andere Variante ist, z. B. mit drei Teilnehmern telefonisch vorzuklären, welchen Themenbedarf sie für das Seminar haben. In diesem Fall ist es allerdings wichtig, dass der Trainer zu Beginn der Veranstaltung für Transparenz bezüglich der Vorgespräche sorgt und deutlich macht, mit wem er aus welchen Gründen über welche Inhalte und mit welchem Ergebnis gesprochen hat.

Ist die Chance weder für Vorbesprechungen noch für Vorab-Unterlagen gegeben, sollte der Trainer zu Beginn eines Seminars sehr deutlich machen, was in diesem Seminar stattfinden wird, und gegebenenfalls auch, wofür in dem Seminar kein Raum vorgesehen ist.

Seminar abbrechen

Wird deutlich, dass keine gemeinsamen Zielvereinbarungen in der Veranstaltung erreichbar sind, kann es ratsam sein, das Seminar abzubrechen. Kein Trainer wird dies gerne tun, dennoch ist es wichtig, eine Veranstaltung – wenn sie keinen Sinn macht – auch abbrechen zu können.

Checkliste: Thema verfehlt

☐ Habe ich den Eindruck, dass die Teilnehmer das Thema ablehnen? Wie kann ich meine Wahrnehmung ansprechen?

☐ Warum haben die Teilnehmer kein Interesse an dem Thema? Welche Gründe stehen hinter der ablehnenden Haltung?

☐ Worum geht es den Teilnehmern? Habe ich dafür Verständnis?

☐ Was brauchten die Teilnehmer, um sich auf das Thema einzulassen? Wo stehen sie?

☐ Wollen sich die Teilnehmer vor einem Thema oder vor einer Aufgabe «drücken»?

☐ Welche Möglichkeiten gibt es für die Teilnehmer, sich außerhalb des Seminars mit ihrem «Wunschthema» zu befassen?

☐ Wie stellen sich die Teilnehmer ein weiteres Vorgehen vor?

☐ Ist ein Themenwechsel im Interesse der Mehrheit?

☐ Welches andere Thema könnte ich anbieten? Will ich das?

☐ Was wird passieren, wenn ich den Wünschen der Teilnehmer nicht nachkomme?

☐ Weicht ein Themenwechsel vom Auftrag ab?

■ 7.2   Das ist mir zu persönlich

Die Bearbeitung von Themen, wie zum Beispiel «soziale Kompetenz», «Teamfähigkeit», «Selbst- und Fremdbild», «Identität» etc., fordern von Teilnehmern ein gewisses Maß an Offenheit und die Bereitschaft, sich mit sich selbst und eventuell auch mit persönlichen Ängsten und Problemfeldern auseinander zu setzen. Themen wie diese erzeugen eine große «Ich-Nähe», die manchen Teilnehmern unangenehm ist – bei manchen löst allein das Wort bereits Abwehr und innere Barrieren aus. Dass es Teilnehmern zu persönlich wird, ist häufig der Fall, wenn in einer Diskussion deutlich wird, dass Schwierigkeiten zwischen Personen weniger in der Sachebene begründet liegen als vielmehr in der Beziehungsebene.

Meine Führung – deine Führung

«Einarbeitung neuer Mitarbeiter» lautet der Arbeitstitel des Führungskräfte-Workshops. Hier sollen unter anderem Fragen wie «Wie wollen wir in Zukunft Personal gewinnen? Ist es möglich, dass wir uns die Einarbeitung neuer Mitarbeiter teilen?» bearbeitet werden. Frau Lauka und Herr Moser sind die beiden Moderatoren der Veranstaltung. Die Führungskräfte diskutieren engagiert und vehement über alternative Möglichkeiten, neue Mitarbeiter einzuarbeiten. Derweil entsteht bei den Moderatoren der Eindruck, dass es um mehr geht als um die Einigung in organisatorischen Fragen. Beziehungsunklarheiten und Unstimmigkeiten zwischen den Teilnehmern scheinen immer wieder zwischen den Sachargumenten durch und machen eine Einigung nahezu unmöglich. «Mir musst du das nicht sagen, ich weiß, wie man führt!» und ähnliche Aussagen stehen vermehrt im Raum. Unterschwellig schwingen immer wieder Botschaften mit wie: «Ich weiß, dass ich es besser kann, dass mein Weg der bessere ist. Von dem Vorgehen des anderen halte ich gar nichts!» Im weiteren Verlauf kommt die Frage auf: «Wie wollen wir sicherstellen, dass wir untereinander Mitarbeiter, die wir ausbilden, austauschen können?» Den Moderatoren wird zunehmend deutlich, welche Schwierigkeiten eine gemeinsame Ausbildung bei so unterschiedlichen Führungsverständnissen unweigerlich nach sich ziehen muss. Es wäre fatal, wenn Führungskraft Leser seinen Mitarbeiter bei Führungskraft Zurt ausbilden ließe. Der neue Mitarbeiter orientiert sich dann an dem Führungsstil von Herrn Zurt, der aus der Sicht von Herrn Leser miserabel ist . . .

Zwar ist der Beziehungskonflikt nicht offen ausgesprochen, aber unterschwellig geben sich die Führungskräfte immer wieder zu verstehen: «Ich mache es richtig, du machst es falsch!»

Wie würden Sie – in der Rolle der Seminarleitung – jetzt reagieren?

Die beiden Moderatoren stimmen sich in der Pause ab und entscheiden sich, die Problematik anzusprechen. So teilen sie der Gruppe mit: «Wir haben den Eindruck, dass es jetzt sinnvoller wäre, uns über Themen Gedanken zu machen wie beispielsweise: Wie verstehen wir eigentlich Führung? Wie wollen wir führen? Wie, glauben wir, dass Menschen geführt werden wollen? Mit welchem Selbstverständnis gehen wir an die Arbeit? Solche grundsätzlichen Fragen sollten wir angehen, bevor die organisatorischen Fragen, z. B.: Wie lässt sich die Einarbeitung konkret organisieren?, geklärt werden. Nur so ist das Kennen- und vor allem Verstehenlernen der gegenseitigen Führungsstile möglich. Wenn Sie realistische organisatorische Vereinbarungen treffen wollen, die auch eingehalten werden können, dann empfehlen wir Ihnen dringend, sich erst mit diesen grundlegenden Fragen zu

befassen! Andernfalls befürchten wir, Sie kommen jetzt zu Vereinbarungen, die auf keiner gemeinsamen Basis fußen und somit erfahrungsgemäß über kurz oder lang im Sande verlaufen.»

Die Teilnehmer wehren jedoch ab: «Nein, dass wir unterschiedlich sind, ist schon klar. Aber darum geht es heute nicht. Unser Ziel
heute ist, ganz konkrete und praktikable Regelungen zu vereinbaren. Bitte jetzt keine tief schürfende Teamentwicklung, sondern
konkrete Vereinbarungen!»

Wie würden Sie – in der Rolle der Seminarleitung – jetzt reagieren?

Frau Lauka und Herr Moser entscheiden sich dafür, die Haltung
der Teilnehmer zu akzeptieren und mit der Diskussion organisato-
rischer Abläufe fortzufahren. Gleichzeitig kündigen sie an, dass
sie ihren Vorschlag wiederholt einbringen werden, sollte ihr Eindruck weiterhin bestehen bleiben: «O. k., immer wenn wir das Gefühl haben, es geht jetzt um etwas anderes als um das eigentliche
Sachthema, werden wir es wieder ansprechen, und Sie entscheiden, wie wir weiter vorgehen».

Die Teilnehmer sind einverstanden, und die Diskussion wird
fortgesetzt. Die unterschwelligen Themen kommen immer wieder hoch, was zur Folge hat, dass die Moderatoren ca. alle 60 bis
90 Minuten ihre Wahrnehmung deutlich machen: «Nun ist wieder der Punkt erreicht. Wir können jetzt zwei verschiedene Dinge
machen: Wir können das unterschwellige Thema angehen, oder
wir machen da weiter, wo wir jetzt stehen. Das hätte aber zur Folge, dass die Themen, die für die Umsetzung Ihrer Vorstellungen
wichtig sind, nicht bearbeitet werden. Wie stehen Sie dazu?»

Die Teilnehmer entscheiden sich jedes Mal wieder für das Sachthema.

Reflexion

Die Leiter haben den Auftrag den Teilnehmerwünschen entsprechend weitergeführt, allerdings in dem Bewusstsein, dass die Qualität der Arbeit und die Wahrscheinlichkeit der Umsetzung nicht hoch sein würden. Sie sehen ihre Aufgabe als Moderatoren darin, den Teilnehmern Vorschläge anzubieten und sie durchaus auch mit den Konsequenzen ihres Verhalten zu konfrontieren, die Entscheidung über das weitere Vorgehen aber den Teilnehmern zu überlassen.

Die Trainer sind der Meinung, dass die Teilnehmer noch nicht bereit waren, offen über ihre Beziehungen zu sprechen. Somit hatte es für sie Priorität, das Schutzbedürfnis der Gruppe zu akzeptieren.

So kann man's auch machen ...

Aha-Effekte mit Hilfe eines Rollenspiels

Eine Möglichkeit, die Gruppe stärker zu konfrontieren, ist, den Teilnehmern spielerisch deutlich zu machen, was in ihrem Team passiert. Zum Beispiel, indem der Trainer den Teilnehmern ihre Problematik anhand eines Rollenspiels vor Augen führt. In diesem Fall könnten die Moderatoren zwei Personen darstellen, welche die Lösung einer Sachfrage anstreben, zwischen denen jedoch auf der Beziehungsebene Unklarheiten bestehen. Ein ähnliches Vorgehen ist denkbar, wenn ein Trainer alleine leitet. In diesem Fall könnte er einen oder zwei Mitspieler aus der Gruppe entsprechend instruieren oder auch Kleingruppen durch geeignete Instruktionen zu einem Rollenspiel anleiten. Dabei scheint eine Mischung aus Ernsthaftigkeit und

Humor erstrebenswert, was leicht gesagt, in der Praxis aber eine anspruchsvolle Aufgabe ist. Die Vorführung sollte aufzeigen, was sich in dem Team abspielt, und Nachdenklichkeit entstehen lassen. Andererseits ist zu berücksichtigen, wie bedrohlich die Wahrheit für die Teilnehmer sein kann. Respekt und Achtung vor dem individuellen Schutzraum der Betroffenen sind unverzichtbar.

Mit Humor kann es gelingen, die Beteiligten auf eine annehmbare Art und mit etwas Distanz erkennen zu lassen, was zwischen ihnen vorgeht, wie sie miteinander umgehen. Allerdings darf die Darbietung auch nicht ins Lächerliche abgleiten oder zu weit von der Realität der Teilnehmer entfernt sein. Optimal wäre es, wenn es gelingt, Aha-Effekte einzubauen, welche die Teilnehmer zum Schmunzeln und zum Nachdenken bringen.

Bereitschaft würdigen und Ablehnung akzeptieren

Wird eine Beziehungsklärung zwischen zwei Personen erforderlich, kann es vorkommen, dass eine Person das Angebot einer Klärung befürwortet, die zweite dieses jedoch ausschlägt. Stellen Sie sich eine Seminarsituation vor, in der ein Konflikt zwischen zwei Personen immer deutlicher wird. Der Trainer ist der Meinung, hier könne zwischen den Teilnehmern etwas Wichtiges geklärt werden. Allerdings will sich einer der Beteiligten nicht auf eine Bearbeitung des Konfliktes einlassen. Somit ist eine Beziehungsklärung nicht möglich.

In dieser Situation ist wichtig, dass der Trainer für den Teilnehmer und dessen Reaktion Verständnis aufbringen kann und dessen Ablehnung akzeptiert. Ebenso kann er dem klärungsbereiten Teilnehmer Anerkennung für seine Bereitschaft signalisieren und ihm erklären, dass ein beidseitiges Einverständnis die Voraussetzung für eine weitere Bearbeitung des Konfliktes ist. Darüber hinaus ist es hilfreich, wenn der Trainer beiden Personen Möglichkeiten aufzeigt, ihre Problematik in einem anderen Kontext – und eventuell unter anderer Leitung – zu bearbeiten.

Auch im allgemeinen Umgang mit Teilnehmern, die dem Seminarthema Skepsis entgegenbringen, wählen viele Trainer den Weg, die skeptische Herangehensweise zu akzeptieren. Gleichzeitig ist davon abzuraten, die Haltung der «sich Öffnenden» und «sich Einlassenden» als mustergültig darzustellen.

Die Einstellung «Ich kann keine Blümchen auf Granit pflanzen» mag hilfreich sein in dem Bemühen, von sich selbst und auch von den Teilnehmern nicht zu viel zu erwarten.

Keinen Druck ausüben

Bei Widerständen vonseiten der Gruppe wird deutlich, wie wichtig es ist, keinen Druck auf die Teilnehmer auszuüben. Eine Person kann sich nur dann auf ein persönliches Thema einlassen, wenn sie sich aus eigenen Stücken dazu entschließt. Sie wird sich umso weniger öffnen, je mehr sie sich gedrängt fühlt. Eine bewährte Möglichkeit im Umgang mit Widerständen ist, einen solchen Teilnehmer mit seinen Zweifeln anzunehmen und ihn einzuladen, weiter zuzuhören und das Geschehen zu beobachten. Die Einladung, sich auf ein Thema einzulassen, beinhaltet aber auch die Option, das Angebot auszuschlagen. Hat der Teilnehmer die Wahl und das Gefühl, mit seiner Entscheidung – wie immer sie aussehen mag – willkommen zu sein, wird es ihm leichter fallen, eine Beteiligung in Erwägung zu ziehen.

Skeptiker mit Hilfe der Enthusiasten «ins Boot holen»

Häufig gibt es in einem Seminar neben den Skeptikern auch die Enthusiasten, die in einem Thema den «verborgenen Schatz» entdecken, den es auszugraben lohnt. In diesem Fall kann es vorkommen, dass die Enthusiasten die Skeptiker mitziehen und sich die Gruppe selbst reguliert. Unter solchen Umständen kann und sollte sich die Leitung ruhig ein wenig zurückhalten und mehr Verantwortung an die Gruppe abgeben.

Aktive Aufgaben für Skeptiker

Eine andere Möglichkeit, skeptische Teilnehmer stärker in das Seminar mit einzubeziehen, ist, diese mit besonderen Aufgaben zu betrauen. Dabei geht es nicht darum, Teilnehmer «hintenherum auszutricksen», sondern ihnen Raum zu geben, um sich ausprobieren zu können. Skeptiker können zum Beispiel mit intensiven Aufgaben in einem Rollenspiel beauftragt werden. Diese Einbindung kann kritischen Personen Gestaltungs- und damit Entwicklungsmöglichkeiten bieten. Dies gilt für den Fall, dass es sich um Widerstand dem Thema gegenüber handelt und nicht um die Ablehnung einer Beziehungsklärung. Insgesamt ist dieses Vorgehen jedoch mit Vorsicht anzuwenden. Fühlt sich der Teilnehmer durch die Aufgaben beispielsweise bedrängt, wird der Einbindungsversuch eher verstärkt Reaktanz hervorrufen, als dass er ihn «mit ins Boot holt».

Theorie als Stütze

Besonders bei Themen, die die eigene Person betreffen, kann es für distanzierte Teilnehmer wichtig sein, eine Brücke zum Seminarthema zu erhalten. Das kann bedeuten, dass der Trainer die Teilnehmer zu Beginn des Seminars mit Theorie «versorgen» muss. Geht es in dem Seminar um Selbsterfahrung, können theoretische Modelle den Teilnehmern Sicherheit bieten. Ein theoretischer Vortrag kann ebenfalls hilfreich sein, wenn es Teilnehmern bereits «zu tief gegangen» ist. Eventuell hat sich jemand intensiv mit einem persönlichen Thema vor der Gruppe auseinander gesetzt, und es ist ihm oder den anderen Teilnehmern zu persönlich geworden. In so einem Fall wirkt eine theoretische Einordnung objektivierend bzw. versachlichend und ermöglicht eine Distanzierung (s. auch Kapitel «Teilnehmer gegen Teilnehmer»).

● **Baue für distanzierte Teilnehmer bei Themen, die die eigene Person betreffen, eine Brücke zum Seminarthema.**

Sei dein eigener Chairman

Viele Trainer legen den Teilnehmern zu Beginn eines Seminars nahe, selbst darauf zu achten, wo ihre persönlichen Grenzen liegen und wie weit sie sich einbringen möchten. Sie führen die Regel von Ruth Cohn (1975) ein: «Sei dein eigener Chairman und bestimme, wann du reden oder schweigen willst und was du sagst.»

Dies ist eine der Regeln, die Ruth Cohn im Rahmen der Themenzentrierten Interaktion* formuliert hat. Sie dienen der Unterstützung der Arbeitsfähigkeit und betonen die Relevanz zweier Aspekte: Autonomie und Abgrenzung einerseits und zwischenmenschliche Verbundenheit andererseits. Damit ist die Eigenständigkeit und Unabhängigkeit jedes Einzelnen gemeint sowie das zeitgleich vorhandene Miteinander und das gegenseitige Aufeinander-bezogen-Sein in einer Gruppe.

Balance zwischen Konfrontieren und Schützen

Im Zusammenhang mit Teilnehmern, denen ein Thema zu persönlich ist, wird immer wieder deutlich, welche Bedeutung die Umgangsweisen «Konfrontieren» und «Schützen» haben. Im Sinne einer konstruktiven Handlungsweise gilt es, als Trainer beide Verhaltensweisen in einer dynamischen Balance zu halten. Das bedeutet, Teilnehmern sowohl ihre eigenen Verhaltensweisen und daraus resultierenden Konsequenzen vor Augen zu führen, als auch sensibel auf die Grenzen ihrer Belastbarkeit zu achten und darauf zu reagieren. Im Sinne des Wertequadrates* (s. S. 17) ist dabei Vorsicht geboten, um nicht einen der jeweiligen Aspekte zu übertreiben. Konfrontieren sollte genauso wenig zu schonungslosem Bedrängen übertrieben werden wie Schützen zu überbemutterndem Behüten. Ein solches Verhalten würde bei dem Teilnehmer umso mehr eine sich verteidigende und abwehrende Haltung hervorrufen.

Checkliste: Das ist mir zu persönlich

- Resultiert die Skepsis der Teilnehmer aus einem Schutzbedürfnis? Wie kann ich dem Schutzbedürfnis und dem Thema gerecht werden?
- Welche alternativen Vorgehensweisen gibt es?

- Wie wirkt sich die Ablehnung eines persönlichen Themas bzw. einer Beziehungsklärung auf die Qualität der weiteren Arbeit aus? Ist das den Teilnehmern bewusst?
- Was halte ich von der Ablehnung? Kann ich sie würdigen? Verstehe ich sie wirklich?
- Fühlen sich die Teilnehmer unter Druck gesetzt? Woran kann das liegen?
- Reguliert sich die Gruppe (evtl. aufgrund der Enthusiasten) von selbst?
- Welche besondere Aufgabe könnte die betreffende Person übernehmen?
- Wie könnte ich das Geschehen sinnvoll theoretisch einordnen?

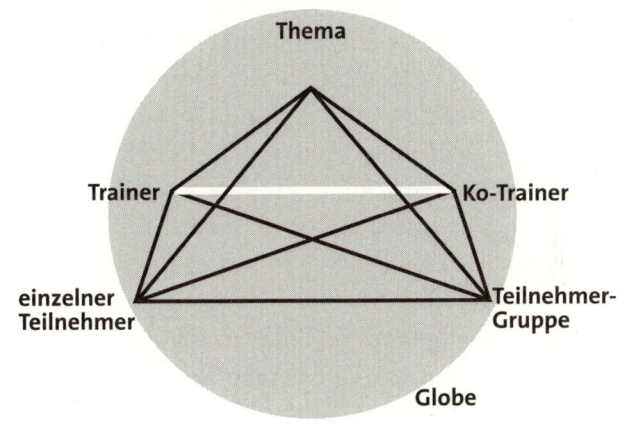

Viele Trainer bevorzugen es, ein Seminar gemeinsam mit einem Ko-Leiter durchzuführen. Im Allgemeinen trägt die Zweier-Leitung zur Qualitätssteigerung eines Seminars bei. Im optimalen Fall ergänzen und unterstützen sich beide Trainer und erweitern so das Spektrum der Methoden, Möglichkeiten und auch der Wahrnehmung von Gruppenprozessen. Auch die gemeinsame Auswertung eines Seminartages kann von unschätzbarem Wert sein, sei es dadurch, sich gegenseitig auf die Schulter zu klopfen, Schwachstellen zu analysieren oder das weitere Vorgehen abzusprechen. Und bei der Auflistung von Vorteilen darf der Gewinn einer gemeinsamen Vorbereitung nicht fehlen.

Allerdings ist Ko-Leitung in vielen Fällen auch nicht unproblematisch, es können dabei durchaus Schwierigkeiten auftreten. Man stelle sich z. B. den Fall vor, dass der Ko-Leiter von der Gruppe nicht akzeptiert wird. In einer solchen Situation hat der Trainer zwar kein (eigenes) Problem mit seinem Ko, er kann allerdings in eine schwierige Position zwischen der Gruppe und dem Ko-Trainer geraten. Es gilt dann, die Balance zu halten zwischen der Solidarität zum Ko-Leiter und der Erhaltung des eigenen Kontakts zur Gruppe.

Eine andere Problematik tritt auf, wenn der Trainer meint, sein Ko-Leiter mache Fehler, wenn dieser zum Beispiel eine Übung falsch anleitet. In diesem Fall hat der Trainer abzuwägen, ob die Leitungsverantwortung gegenüber der Gruppe oder die Loyalität gegenüber dem Ko vorrangig ist. Ein Eingriff in die Leitung des anderen kann unbeabsichtigte Folgen haben. Möglicherweise wird dadurch dessen Stand vor der Gruppe gefährdet, und es werden Konkurrenzgefühle sowie Profilierungsdruck hervorgerufen. Von dieser brisanten Dynamik wissen etliche Trainer zu berichten, die sich schon einmal durch ihren Ko in der eigenen Leitung untergraben gefühlt haben. Einige Trainer geraten auch unter den Druck, sich neben dem Ko-Leiter behaupten zu müssen. Ihnen ist wichtig, sich gleichermaßen kompetent zu fühlen und sich vor der Gruppe zu positionieren. Dies ist insbesondere dann ein zentraler Aspekt, wenn ein Trainer zusammen mit einem sehr bekannten und beliebten Ko-Leiter – einem «Guru» – eine Veranstaltung durchführt.

Zunächst soll es in diesem Abschnitt um das Auftreten von Konkurrenzgefühlen gehen, eine Schwierigkeit, die häufig vorkommt und weitere Probleme nach sich ziehen kann.

◼ 8.1 Konkurrenz mit dem «Ko»

Ich bin okay, und du bist überhaupt nicht okay

«Verkaufs- und Serviceverhalten» ist das Thema der zweitägigen Veranstaltung, die Silke Reinhard und Fabian Oster gemeinsam durchführen. Beide Trainer sind intern bei einem Informationstechnologie-Unternehmen tätig, sie kennen sich schon seit einigen Jahren, sind sich durchaus sympathisch, leiten allerdings, aus organisatorischen Gründen, selten Seminare zusammen. In diesem Fall sind sie bereit, die Veranstaltung gemeinsam ohne große Vorplanung zu übernehmen, da beide inhaltlich sehr versiert sind. Die Teilnehmer sind Mitarbeiter zweier Abteilungen des gleichen Unternehmens.

Herr Oster leitet die erste Einheit ein und hält einen längeren Vortrag zu dem Thema «Kundenorientierung». Frau Reinhard ist überrascht. Ihrer Meinung nach gehören Vorträge dieser Art nicht in einen Workshop. In einem Seminar wäre sie damit durchaus einverstanden, aber hier in dieser Workshop-Situation sieht sie es als ihre Aufgabe, die Gruppe moderierend darin zu unterstützen, eigene Ergebnisse zu erarbeiten. Als sich der Vortrag dem Ende zuneigt, schaltet sie sich schnell ein, um das weitere Geschehen in die richtige Richtung zu lenken: «Vielen Dank, Fabian, für diese anschauliche Einstimmung in das Thema.» Den Teilnehmern zugewandt: «Nun sind Sie an der Reihe. Jetzt geht es darum, zu gucken, welche Themen Sie in diesem Workshop angehen wollen. Schließlich bestimmen Sie, welche Inhalte für Sie wichtig sind und hier bearbeitet werden sollen. Dazu möchte ich Sie bitten, sich für ein paar Minuten zu zweit zurückzuziehen und Ihre Themenvorschläge auf diesen Karten zu notieren. Anschließend werden wir dann sehen, in welcher Reihenfolge wir Ihre Themen bis morgen durchgehen.»

Während die Teilnehmer beginnen, den Anweisungen der Trainerin zu folgen, wendet sich Herr Oster irritiert und verärgert an Frau Reinhard: «Was machst du denn da? Warum willst du jetzt Themen sammeln? Was soll das? Wir haben so viel Input auf Lager, warum sollen wir jetzt nach den Themen der Teilnehmer fragen, das kriegen wir niemals alles unter!»

Frau Reinhard entgegnet daraufhin: «Also hör mal, wir leiten hier einen Workshop und kein Fachseminar. Frontalvortrag ist hier nicht angebracht. Ich fand deinen Einstieg eben schon viel zu lang. Die Teilnehmer sollen sich ihre Themen und Ideen hier erarbeiten. Darum geht es!»

Die ersten Teilnehmer werden bereits hellhörig und wenden sich mit ihrer Aufmerksamkeit der Antwort von Herrn Oster zu: «Wie kommst du denn immer auf Workshop? Was die Teilnehmer brauchen, sind verständliche Einheiten zu Verkaufs- und Serviceverhalten, und dazu gibt es exakt definierte Inhalte. Jetzt wären eigentlich Erstkontakte Thema. Wenn du die Zeit nicht mit dieser Themensammlung vertrödeln würdest, wären wir schon längst dabei!»

Was würden Sie – in der Rolle der Seminarleitung – jetzt machen?

«Die Teilnehmer haben am meisten davon, wenn sie sich selbst mit dem Thema auseinander setzen und eigene Inhalte erarbeiten können!», schließt Frau Reinhard das Gespräch, bevor sie sich wieder den Teilnehmern zuwendet. Während Einsammelns und Clusterns der Themenvorschläge schaltet sich Herr Oster ein: «Aus der Themensammlung wird deutlich, dass ein wichtiger Aspekt unseres Themas der Erstkontakt zum Kunden ist. Dieser Aspekt leitet uns auch schon zu unserem nächsten Thema über ...» Auf diese Weise beginnt Herr Oster seinen nächsten Vortrag.

In ähnlicher Weise setzt sich die Veranstaltung fort. Bei jeder denkbaren Gelegenheit nimmt der eine Leiter dem anderen das Ruder aus der Hand und setzt den Kurs, den er für sinnvoll erachtet, fort. Die Kommunikation zwischen den Trainern nimmt – und kühlt – merklich ab. Zudem wirkt sich das Verhalten der Trainer auf die Gruppe aus. Es findet eine Spaltung zwischen den beiden Abteilungen statt, die sonst gut miteinander auskommen. Die eine Abteilung sympathisiert mit Frau Reinhard, während sich die andere hinter Herrn Oster stellt. «Jetzt machen wir wieder Abteilung ITB gegen ITF», bemerkt ein Teilnehmer im Scherz und trifft damit ins Schwarze.

Letzten Endes teilen die beiden Trainer die Veranstaltung, wechseln sich ab und achten dabei minutiös auf die Einhaltung des Zeitplans. Wenn Herr Oster dran ist, dann ist es ein Fachseminar, wenn Frau Reinhard dran ist, wird ein Workshop moderiert.

Reflexion

Die beiden Trainer hatten sich vor dem Seminar aus Zeitmangel nicht abgesprochen. Zudem sind beide davon ausgegangen, dass es so «wie immer» verlaufen würde. Allerdings waren sie mit zwei unterschiedlichen Aufträgen im Kopf in das Seminar gestartet. Die Trainerin war aufgrund des Veranstaltungstitels «Workshop» davon ausgegangen, dass es sich bei ihrer Aufgabe um eine Moderation handeln würde. Für den anderen Trainer stand fest, dass es ein Training sein würde, er war im Besitz eines entsprechenden Trainerleitfadens. Die beiden Trainer unterschieden sich sehr in ihrer Art der Leitung und hatten verschiedene Herangehensweisen. Ihr größtes Problem lag sicherlich darin, dass sie sich zu keinem Zeitpunkt über ein gemeinsames Konzept verständigt haben. Sie waren wenig kompromissbereit, bei beiden fehlte die Bereitschaft, sich dem Vorgehen des anderen anzuschließen. Jeder wollte die eigene Vorstellung von dem Seminar durchsetzen. So wurde die Veranstaltung immer mehr zur Arena zweier konkurrierender Trainer. Die Spannung zwischen den Trainern hat sich in diesem Fall auch auf die Seminarteilnehmer übertragen, die sich den Trainern entsprechend in zwei Lager aufgeteilt haben. Während der Veranstaltung waren die Teilnehmer zwar beschäftigt, einen nachhaltigen Lerneffekt hat es jedoch nicht gegeben.

So kann man's auch machen ...

Austausch und Absprachen

Ein grundlegendes Fazit aus schwierigen Situationen zwischen Ko-Trainern ist: Sprich dich mit deinem Ko-Leiter ab. In der Tat sind die meisten Schwierigkeiten zwischen Trainern, wie auch in

● **Sprich alles mit deinem Ko-Leiter ab!**

der Beispielsituation, auf mangelnden Austausch und fehlende Absprachen zurückzuführen. Schwierigkeiten sind vorprogrammiert, wenn Uneinigkeit in der Art zu leiten deutlich wird. Aus diesem Grund ist ein ausführlicher Austausch vor dem Seminar hilfreich, um Transparenz bezüglich eventueller Meinungsverschiedenheiten zu schaffen. Sich der Unterschiede bewusst zu sein ist wichtig, um nach Möglichkeit eine Vereinbarung über den Umgang damit zu treffen. Des Weiteren ist der Austausch während des Seminars hilfreich, um entstehende Missverständnisse und Unklarheiten direkt ausräumen zu können und um beiden Trainern ein optimales Maß an Informationen und Eindrücken zugänglich zu machen.

Rollenklarheit und Hauptverantwortung

Ko-Leitung kann in gleichberechtigter Leitung stattfinden, es kann aber auch eine Aufteilung in «Haupt- und Nebenleiter» geben. Nach Heiland und Stratmann (1997) ist keine der beiden Möglichkeiten grundsätzlich vorzuziehen. Die Angemessenheit hängt von diversen Faktoren ab, zum Beispiel von unterschiedlichen Kompetenzen, Erfahrungen und Hierarchieebenen. Ebenfalls von Bedeutung kann die unterschiedliche Bezahlung sein und die Frage, wer den Auftrag akquiriert hat. Eine Rollenaufteilung sollte dem Auftrag und der Beziehung zwischen den beiden Trainern gerecht werden. Grundvoraussetzung ist, dass die Leiter das Rollenverständnis teilen.

Unabhängig davon, ob es eine gleichberechtigte Leitung gibt oder nicht, ist es wichtig, dass je ein Ko-Leiter für bestimmte Teile der Veranstaltung die Hauptverantwortung übernimmt. Für beide Trainer muss klar sein, wer für welchen Part die Verantwortung hat und wie weit sich der andere in diesen einbringen darf. Dabei sollte nicht nur das Ausmaß des verträglichen Einmischens vereinbart, sondern auch geklärt werden, welche Art und Weise für beide Trainer akzeptabel ist:

Widerspruch vor der Gruppe?

Wie darf und soll zum Beispiel mit unterschiedlichen Meinungen der Trainer umgegangen werden? Darf man sich gegenseitig vor der Gruppe widersprechen? Einige Trainer haben die Erfahrung gemacht, dass es für die Gruppe bereichernd sein kann und als lebendig empfunden wird, unterschiedliche Meinungen und auch Trainerstile kennen zu lernen. Diese positive

Erfahrung ist allerdings nur dann möglich, wenn beide Trainer das Ergänztwerden durch den anderen ebenfalls als interessant und bereichernd erleben. Entsteht dabei eine Konkurrenz um die richtige Meinung, geht dieser Aspekt verloren.

Entscheidenden Stellenwert hat auch das Ansehen der beiden Trainer in der Gruppe. Widerspricht ein von der Gruppe geschätzter Trainer seinem weniger respektierten Ko, wird es dieser umso schwerer haben, sich als Leiter in der Gruppe zu behaupten. In diesem Fall haben die Solidarität mit dem Ko-Trainer und die Unterstützung seiner Position in der Gruppe Vorrang vor einer Ansichtenvielfalt.

Zeichen vereinbaren

Bei eingespielten Trainer-Tandems haben sich oftmals mit der Zeit bestimmte Zeichen eingespielt, mit denen sich die Leiter untereinander Einspruch oder anderes signalisieren. Solche Zeichen können natürlich auch vorab vereinbart werden. Möchte man den Seminarfluss nicht durch die interne Trainerkommunikation ins Stocken bringen, so bietet sich eine entsprechende Sitzordnung der Trainer an: Während der eine Trainer eine Einheit leitet, sitzt der andere hinter den Teilnehmern. Vielfach wird hier ein zweiter Tisch mit Trainermaterialien aufgestellt, sodass der zweite Leiter die Zeit zur weiteren Vorbereitung nutzen kann, und gleichzeitig erklärt sich die Sitzordnung so auch den Teilnehmern. Auf diese Weise kann der zuschauende Leiter sich mit Zeichen bemerkbar machen, z. B. auf die Uhr zeigen, ohne die Teilnehmer dabei vom Seminarthema abzulenken. Ein weiterer Effekt stellt sich dadurch ein, dass sehr deutlich wird, wer jeweils das Zepter in der Hand hat.

Trainerkonflikte nicht vor der Gruppe austragen –
Klare Ich-Botschaft

Bisweilen kann es schwierig sein, den richtigen Zeitpunkt für das Eingreifen in den Part des anderen abzupassen. In einer solchen Situation bedarf es nicht nur einer Absprache, sondern auch einer gewissen Sensibilität, also eines Gespürs dafür, wann der eigene Beitrag passt oder wann man dem anderen «in die Parade fährt».

Fühlt sich der Hauptverantwortliche durch den Ko-Trainer in seiner Leitung gestört, sollte er es diesem signalisieren, ohne dass es zu einem Machtkampf vor der Gruppe kommt. Gerät ein Trainer beispielsweise in eine Situation, in der sein Ko-Leiter in seinen Part einsteigt und diesen übernimmt, obwohl er ihn selbst gut und gerne zu Ende geführt hätte, so hat der Trainer nun die Wahl. Er kann sich wütend und beleidigt aus der Situation zurückziehen und dem anderen das Feld überlassen. Er kann aber auch seinem Ko-Leiter signalisieren, dass dieser wieder in die zweite Reihe gehen soll. Dabei ist es allerdings wichtig, dass es sich um eine kurze Intervention – dem Ko-Trainer gegenüber – handelt. Dieser Moment sollte nicht zum Thema vor der Gruppe werden. Um den Kollegen nicht vor der Gruppe zurechtzuweisen und damit zu degradieren, kann der Trainer seine Absicht mit einer klaren Ich-Botschaft zum Ausdruck bringen: «Mir ist wichtig, dass wir hier jetzt nochmal weitermachen!» Auf diese Weise wird es für den Ko-Leiter annehmbarer, in die zweite Reihe (zurück)verwiesen zu werden.

Beziehungsklärung in der Supervision

Kommt es zwischen Trainern, die häufig zusammenarbeiten, zu Konkurrenzsituationen, ist es sinnvoll, eine langfristige Klärung anzustreben. Für diesen Zweck ist eine Supervision oder Konfliktmoderation sinnvoll. In einem solchen Setting können beide Trainer Vergangenes klären und Zukünftiges planen, um in nachfolgenden Seminaren wieder gemeinsam arbeitsfähig zu sein.

Sachbezogenes Arrangement

Eine Beziehungsklärung muss aber nicht immer das angestrebte Ziel sein. Es gibt auch Situationen, in denen Trainer, die sich gegenseitig unsympathisch sind, zusammenarbeiten müssen. Unter Umständen besteht in einem solchen Fall kein Interesse an einer langfristig guten Beziehung. Dann kann es der Situation angemessen sein, für die Veranstaltung ein praktikables sachbezogenes Arrangement zu treffen. Man muss an sich selbst nicht den Anspruch stellen, mit jemandem klarzukommen, von dem man wenig hält, oder jegliche Beziehungsproblematik zu klären. Gibt es Kollegen, mit denen man partout nicht zusammenarbeiten kann, und gibt es die Möglichkeit, einer Zusammenarbeit aus dem Wege zu gehen, dann ist es durchaus legitim, dieses zu tun.

● **Vermeiden ist erlaubt!**

Checkliste: Konkurrenz mit dem «Ko»

- Wie sieht das Konzept aus? (Inhalte/Methoden? Auf welche Art sollen sie vermittelt werden?)
- Wie stellen wir uns zu Beginn des Seminars vor?
- Haben wir eine gleichberechtigte Leitung? Wer hat in welchen Bereichen seine Stärken?
- Wer kann bzw. möchte welche Teile übernehmen?
- Wie verhält sich derjenige, der nicht die Hauptverantwortung hat, wenn er sich einbringen möchte?
- Gibt es Signale und Zeichen, die wir vereinbaren wollen?
- Wie gehen wir mit unseren unterschiedlichen Meinungen um? Dürfen diese vor der Gruppe geäußert werden?
- Wie ist meine Stimmung? Wie sind meine Erwartungen und Befürchtungen im Hinblick auf das Seminar und bezüglich unserer Ko-Leitung?
- Gibt es bestimmte Eigenarten des anderen, mit denen ich Schwierigkeiten bekommen könnte?
- Welche Wünsche oder Notwendigkeiten ergeben sich daraus?

■ 8.2 Teilnehmer lehnen einen der Trainer ab – Leiter neben der Nr. 1

Leitet ein Trainer an der Seite eines beliebten Ko-Trainers, hat er eventuell Schwierigkeiten, sich neben diesem zu behaupten. Es entsteht vielleicht das Gefühl, die eigene Kompetenz nicht zeigen zu können und im Schatten des anderen Leiters zu stehen. Besonders schwierig wird es, wenn das Interesse ausschließlich dem Ko-Leiter und dessen Inhalten gilt und der Trainer sich abgelehnt und verkannt fühlt.

In der unten beschriebenen Situation leitet eine Trainerin das Seminar gemeinsam mit einem Ko-Trainer, der bei den Teilnehmern bereits bekannt und beliebt ist:

Wenn Albträume wahr werden

An der Seite von Gerd Apeldt leitet Anna Sievert ein Coaching-Seminar für Führungskräfte eines großen Automobilherstellers. Die beiden externen Trainer sind für das Thema bereits ein eingespieltes Team, in diesem Unternehmen geben sie das Seminar in dieser Konstellation jedoch zum ersten Mal. Der Auftrag ist über Herrn Apeldt zustande gekommen, der häufiger für die Firma arbeitet und auch mit der gleichen Gruppe von Führungskräften bereits Seminare durchgeführt hat.

Frau Sievert ist ca. 15 Jahre jünger als Herr Apeldt, hat jedoch ebenfalls einige Erfahrung und Know-how zu bieten. Die Teilnehmer sind überwiegend im Alter von Herrn Apeldt.

Im Verlauf des ersten Tages wird deutlich, dass die Teilnehmer Herrn Apeldt fachlich wie auch persönlich sehr schätzen und dieser bereits einen guten Ruf im Unternehmen hat. Frau Sievert hingegen fühlt sich als Leiterin wenig akzeptiert und allenfalls geduldet. Ihr jagen Gedanken durch den Kopf wie: «Ich bin ganz klar die Nr. 2 hier. Die gehen mit mir um, als wäre ich die Assistentin, die den Koffer tragen darf!» Diese und ähnliche Gedanken haben zur Folge, dass sie sich immer mehr zurückhält und weniger in Erscheinung tritt.

Am Nachmittag ist die Arbeit in zwei Halbgruppen vorgesehen. Die Leiter teilen die Teilnehmer in zwei Gruppen ein, als sich Herr Teuber aus der Gruppe von Frau Sievert zu Wort meldet: «Entschuldigen Sie, Herr Apeldt, aber ich würde doch lieber in Ihrer Gruppe arbeiten.» – «Ja», schließt sich Frau Bodes an, «dem Wunsch möchte ich mich anschließen, das geht mir auch so.»

Herr Apeldt fragt daraufhin bei seiner Halbgruppe nach: «Okay, dann müssen wir sehen, ob es Tauschpartner gibt. Wer von Ihnen kann in die Gruppe von Frau Sievert wechseln?»

Es meldet sich niemand. Auch nicht, als Herr Apeldt noch einmal nachfragt. Es herrscht betretenes Schweigen. Daraufhin macht Herr Apeldt den Vorschlag: «Eine andere Möglichkeit ist, dass wir jetzt nicht in die Halbgruppen gehen, sondern im Plenum gemeinsam weiterarbeiten.» Dies lehnt die Gruppe jedoch ab.

Wie würden Sie – in der Rolle der Seminarleitung – etzt reagieren?

Frau Sievert spricht ihren Eindruck an: «Stopp mal eben, so können wir nicht weitermachen. Das ist einfach deutlich in diesem Seminar, es gibt eine Nr. 1 und eine Nr. 2 in der Leitung, und es gibt zwei Halbgruppen. Das wird schwierig. Und es ist ungünstig, wenn von Ihnen jemand in meine Halbgruppe gelost wird und dann das Gefühl hat, die Niete gezogen zu haben. Dann können wir nicht gut arbeiten. Lassen Sie uns überlegen, wie wir mit der Situation umgehen können.»

Daraufhin kommt es zu einer zähen Diskussion. Nach einiger Zeit finden sich zwei Personen aus der Gruppe von Herrn Apeldt, die, um der ganzen Sache ein Ende zu bereiten, in die Gruppe von Frau Sievert wechseln.

In ihrer Halbgruppe spricht Frau Sievert die Situation an: «Lassen Sie uns nochmal gucken, wie wir bestmöglich weitermachen können. Das ist kein leichter Start. Und für mich bedeutet das im Moment, wirklich eine Kröte zu schlucken. Das war nicht gerade meine Traumsituation und Ihre wahrscheinlich auch nicht.»

Die Gruppe tauscht sich kurz über das Geschehen aus und beginnt dann mit der Halbgruppenarbeit. Diese verläuft gut.

Reflexion

Die Trainerin hatte von Anfang an einen schweren Stand in dem Seminar. Es gab eine klare Rangfolge in der Leitung, da der Ko-Trainer bereits bekannt und beliebt war. Sie hingegen hat die Skepsis, die ihr die Teilnehmer entgegenbrachten, übernommen und durch ihr Verhalten noch bestätigt.

Hinzu kam, dass sich ihr Ko-Leiter z. T. so verhalten hat, als würde er das Seminar allein leiten. Dies erschwerte es ihr, neben ihm ihren Platz zu finden.

Ihre Reaktion hat sich jedoch bewährt. Durch das Benennen der Schwierigkeit hat sie Raum für Misstrauensvoten geschaffen. Die Teilnehmer konnten so auch mit ihr intensiv arbeiten.

So kann man's auch machen …

Unterstützung vom Ko einfordern

Die Trainerin hätte sich mehr Unterstützung von ihrem Ko holen können. Auch besteht die Möglichkeit, ihn auf seine Art zu leiten aufmerksam zu machen und darum zu bitten, stärker mit einbezogen zu werden. In einer solchen Situation ist es ratsam, sich in den Seminarpausen und am Abend intensiver auszutauschen und gemeinsam nach Möglichkeiten zu suchen, um das Standing der «Nr. 2» in der Gruppe zu verbessern. Vor allen Dingen sollte der Ko-Leiter durch sein Verhalten vor der Gruppe deutlich machen, dass er den anderen Trainer für kompetent hält und respektiert. Es hilft, die Aufteilung der Vorträge gezielt vorzunehmen. Die interessanten Vorträge sollten alternierend von beiden Leitern gehalten werden.

Innerlich groß bleiben

Ein weiterer wichtiger Punkt ist, zu versuchen, innerlich groß zu bleiben und nicht die Rolle der weniger kompetenten Nr. 2 anzunehmen. Wer im Vergleich mit einem erfahrenen Trainer seine eigenen Unvollkommenheiten sucht, wird sie auch erleben. Und wer sich diese permanent vor Augen führt, hat Mühe, Souveränität und Kompetenz auszustrahlen. Es kann hilfreich sein, sich in einer solchen Situation die eigenen Stärken bewusst zu machen und sich nicht als hilflose und kleine Nr. 2 zu betrachten. Der Trainer hat durchaus die Möglichkeit, eine Beziehungsdefinition abzulehnen und seine Rolle selbst zu definieren.

● **Wer sich nur auf Fehler konzentriert, wird auch welche machen.**

Eigene Beziehung zu den Teilnehmern aufbauen

Damit einher geht der Auftrag eines jeden Trainers, eine eigene Beziehung zu den Teilnehmern aufzubauen. Vor allem in Situationen, in denen der Ko-Trainer bereits einen guten Kontakt zu den Teilnehmern hat, sollte sich der andere Leiter gesondert dafür Zeit nehmen. Ein simples und doch wirksames Vorgehen ist es, sich in der Anfangsphase einige Minuten dafür einzuräumen, mit jedem Teilnehmer einmal Blickkontakt aufzunehmen.

Seminareröffnung – You never get a second chance to make a first impression!

Die Seminareröffnung kann weichenstellend für den weiteren Verlauf der Veranstaltung sein. In dieser Situation nehmen die Teilnehmer die Trainer das erste Mal als Leitung wahr. Hier entsteht der erste Eindruck jedes Einzelnen und auch davon, wie die Trainer miteinander umgehen und zueinander stehen. Unter diesem Gesichtspunkt ist die Seminareröffnung besonders für Trainer, die neben einem erfahreneren, älteren, vielleicht auch bekannteren Trainer eine Veranstaltung leiten, sehr wichtig. In solchen Situationen nehmen sich manche Trainer selbst als unbedeutend und wenig kompetent wahr und tendieren dazu, sich – unbeabsichtigt – auch so zu zeigen.

Man stelle sich folgende Situation vor: Nach der Vorstellung ihres sehr versierten Ko-Leiters hat eine Trainerin den Eindruck, sich nicht mehr vorstellen zu können, ohne dabei weniger kompetent zu wirken. Als sie von sich spricht, betont sie dabei unweigerlich ihre Unterschiedlichkeiten und ihren im Vergleich mit dem Ko-Leiter geringeren Erfahrungsschatz. Dementsprechend wird sie von der Gruppe wahrgenommen und behandelt. Während des ganzen Seminars bekommt sie kein Bein mehr auf den Boden.

In einer solchen Situation kann das Bewusstsein, dass Unterschiede zwischen Trainern erlaubt sind und dennoch beide Trainer eigene Qualitäten aufzuweisen haben, hilfreich sein. Unterschiede dürfen durchaus deutlich werden, dies sollte allerdings nicht auf Kosten der Gleichwertigkeit geschehen. Von daher ist es sinnvoll, sich vor dem Seminar Gedanken über den Seminareinstieg zu machen, Befürchtungen dem Ko-Trainer gegenüber anzusprechen und sich auf eine Art der Vorstellung zu einigen, mit der beide Trainer einverstanden sind.

Alter Hase hält sich zurück

Einige alte Hasen unterstützen ihre jüngeren Kollegen dadurch, dass sie sich im Seminar an bestimmten Stellen bewusst zurücknehmen. Z. B. geben sie einen großen Teil der Leitung, wie beispielsweise die Einhaltung der Struktur, an diese ab. So schaffen sie der Ko-Leitung Raum, um als eigenständige kompetente Person neben dem «Guru» agieren zu können.

«Guru-Phänomen» zu Beginn des Seminars ansprechen – überpointieren

Die Seminareröffnung kann auch die Wahrheit der Situation enthalten. Es besteht die Möglichkeit, zu Beginn anzusprechen, dass es in dem Seminar einen bekannten und beliebten Trainer und einen noch unbekannten Ko-Trainer gibt: «Sie haben es hier mit Herrn Apeldt und mit Frau Sievert zu tun, doch wer ist schon Frau Sievert für Sie. Sie müssen mich erst kennen lernen. Und ich weiß, das ist vielleicht schwieriger für Sie.»
  Eine andere Strategie besteht darin, Unterschiede nicht nur anzusprechen, sondern offensichtlich überzubetonen: «Ich bin nicht Herr Apeldt, ich bin nicht 53 Jahre alt ...» Das bewusste Überbetonen der Unterschiedlichkeit kann eine befreiende und humorvolle Wirkung haben. Zudem hat die Trainerin auf diese Weise die Möglichkeit, leichter Souveränität zu entwickeln und zu zeigen.

Checkliste: Leiten neben der Nr. 1

- Was für ein Standing hat mein Ko-Leiter in der Teilnehmergruppe? Was für ein Standing habe ich?
- Welche Art der Leitung entspricht unseren Positionen? Leiten wir gleichberechtigt?
- Wie können wir die Aufteilung der Vorträge und Seminareinheiten sinnvoll gestalten?
- Was könnte für mich schwierig werden?
- Welche Rolle will ich einnehmen? Welche auf keinen Fall?
- Was kann ich unternehmen, um gegebenenfalls meine Souveränität zu stärken?
- Wie kann sich mein Ko verhalten, um mich zu unterstützen? Was sollte er vermeiden?
- Wie stellen wir uns der Gruppe vor? Wer beginnt?
- Wie können wir uns unterschiedlich, aber dennoch gleichwertig und gleichberechtigt darstellen?
- Wo liegen meine Stärken?
- Wie könnte ich die potenzielle Problematik vor den Teilnehmern ansprechen?
- Was würde den Teilnehmern erleichtern, mich als ebenbürtige Ko-Leitung meines Ko-Trainers zu akzeptieren?

9. Schwierigkeiten im Trainer

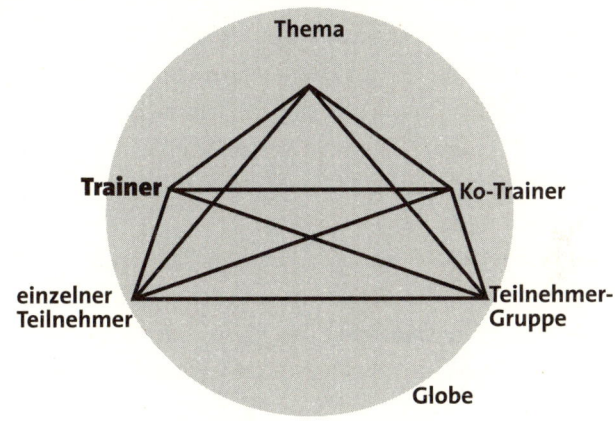

Im Folgenden geht es um Situationen, in denen sich die Problematik in erster Linie im Inneren des Seminarleiters abspielt. Natürlich stoßen alle Situationen, in denen Probleme auftauchen, im jeweiligen Trainer etwas an. Es gibt aber einen Typ schwieriger Situationen, bei dessen Auftreten die Schwierigkeit des Trainers für die Teilnehmer nicht sichtbar wird. Diese Situationen eskalieren nicht, die Schwierigkeit «bricht nicht aus», entweder weil die Befürchtungen des Leiters unbegründet sind oder weil sich der Konflikt ausschließlich im Inneren des Trainers – zwischen den Mitgliedern seines so genannten Inneren Teams* (Schulz von Thun, 1998) – vollzieht. Ein Problem im Inneren des Leiters kann darin begründet liegen, dass die Leistung des Trainers seinen eigenen Ansprüchen nicht genügt. Ein anderes Phänomen lässt sich unter dem Titel «Hochwertige Personalmeldung – kompetenter Teilnehmer» zusammenfassen.

■ 9.1 Hochwertige Personalmeldung – kompetenter Teilnehmer

Eine Schwierigkeit, die sich häufig nur im Inneren des Trainers bemerkbar macht, ohne dass die Situation tatsächlich schwierig wird, ist die Angst vor dem kompetenten Teilnehmer. Vermutlich kann sich jeder eine Anfangsrunde vorstellen, in der die Teilnehmer ihren Bezug zum Thema erklären sollen. Macht ein Teilnehmer in dieser Runde deutlich, dass er bereits sehr viel Vorwissen zu dem Thema mitbringt, kann das den Trainer freuen – im Sinne der Haltung: «Den kann ich fordern» –, andererseits kann es bei ihm zu Unsicherheit («Kann er hier noch was lernen? Bringt ihm die Veranstaltung etwas? Akzeptiert er mich?») oder zu Angst vor Kompetenzangriffen führen. Es ist wichtig, sich als Trainer der eigenen Definitionsfreiheit – z. B. in Bezug auf die Beziehung zu den Teilnehmern – bewusst zu sein. Der Leiter hat Einfluss darauf, ob der Teilnehmer für ihn zum Gegner und Konkurrenten wird oder ob er ihn als jemanden, der seine Kompetenz zur Verfügung stellt, definiert bzw. nutzt. In den meisten Fällen unterstützen kompetente Teilnehmer den Trainer eher, als dass sie ihm die Leitung erschweren. Trotzdem kann es aufgrund «hochwertiger Personalmeldungen» zu widerstreitenden Gefühlen im Inneren des Leiters kommen. Im Allgemeinen hat der Leiter den kompetenten Teilnehmer, ob er aktiv wird oder nicht, «auf dem Kieker». Ob das aber umgekehrt auch der Fall ist, weiß man als Trainer meist nicht. Das eigentliche Problem sind demnach die eigene Unsicherheit und die verstärkte Aufmerksamkeit, die man dem entsprechenden Teilnehmer zukommen lässt. Genau diesen Aspekt erlebt der Trainer in der folgenden Beispielsituation als den eigentlich schwierigen. In seinem Fall geht die «hochwertige Personalmeldung» zwar nicht mit Angst, sondern mit Sympathie dem entsprechenden Teilnehmer gegenüber einher, das Grundmuster ist jedoch das gleiche. Ob man sich, wie bereits beschrieben, durch den kompetenten Teilnehmer bedroht fühlt oder ob man mit ihm sympathisiert – in beiden Fällen ist die Aufmerksamkeit auf die verschiedenen Gruppenmitglieder ungleich verteilt. Hierdurch kann es zu Schwierigkeiten kommen.

Der kompetente Teilnehmer

Janek Liebmeier leitet ein Seminar für die Führungskräfte eines Industrieunternehmens zum Thema «Soziale Kompetenzen». Die Teilnehmergruppe besteht in erster Linie aus Ingenieuren.

Ein Teilnehmer – Markus Heemann – hat von Beginn an die Außenseiterposition in der Gruppe, da er aus einer anderen Branche stammt und erst seit kurzer Zeit in dem Betrieb tätig ist. Erschwerend kommt hinzu, dass er durch seine Äußerungen und sein Verhalten auffällt. Er ist den anderen Teilnehmern intellektuell deutlich überlegen. Die Distanz zwischen ihm und dem Rest der Gruppe ist spürbar. Im Gegensatz zu den anderen Ingenieuren kann er auf profunde Kenntnisse und gute soziale Kompetenzen zurückgreifen. Sie sind Teil seines normalen Verhaltensrepertoires. Von den anderen Gruppenmitgliedern kommen Bemerkungen wie: «Der fühlt sich als was Besonderes. Und er weiß es natürlich besser …» Markus Heemann geht im Verhältnis zu den anderen Ingenieuren sinnvoller mit den Inhalten des Seminars um. Er macht durch seine Beiträge und durch sein Auftreten deutlich, dass er weiß, wie man «besser» führt.

Wie würden Sie sich – in der Rolle der Seminarleitung – verhalten?

Janek Liebmeier gehen verschiedene Gedanken durch den Kopf: «Pass auf, dass du den nicht zu viel beachtest. Wenn du das tust, gefährdest du ihn, weil er dadurch noch stärker aus der Gruppe hervorgehoben wird. Dann ist der Konflikt fast schon vorprogrammiert! Zum anderen bist du dadurch selbst als Leiter gefährdet, deine Souveränität und deine Neutralität zu verlieren ... Zieh lieber die Bremse an! Du musst aufpassen! Die anderen Teilnehmer beobachten genau, was du tust und ob du jemanden vorziehst. Du wertest die anderen automatisch ab, wenn du Herrn Heemann so aufwertest. Und aufwerten tust du ihn, indem du ihm mehr Aufmerksamkeit schenkst als den anderen.» Herr Liebmeier sucht im Folgenden bewusst den Blickkontakt zu allen Teilnehmern und versucht, seine Aufmerksamkeit wieder gleichmäßiger auf die einzelnen Gruppenmitglieder zu verteilen. Er konzentriert sich darauf, mehr Kontakt zu ihnen zu bekommen.

Reflexion

Der Teilnehmer Markus Heemann zog die Aufmerksamkeit des Trainers auf sich. In diesem Fall war die Aufmerksamkeit nicht mit der Angst vor Kompetenzverlust, sondern mit Sympathie und Wertschätzung verbunden. Das Entscheidende aber war, dass der Trainer Gefahr lief, den Kontakt zum Rest der Gruppe zu verlieren. Es war wichtig, die Gruppe zusammenzuhalten und zu vermeiden, selbst Bewertungen über die Teilnehmer abzugeben oder im eigenen Verhalten allzu deutlich spürbar werden zu lassen. Es gibt Unterschiede zwischen Teilnehmern, und es ist auch in Ordnung, wenn die Beteiligten das merken. Um mit

● **Der Kontakt zur Gruppe ist von entscheidender Bedeutung. Es gilt, die Balance zu halten zwischen der Wahrnehmung und dem Ausdruck der eigenen Gefühle auf der einen und der professionellen Rolle des Trainers auf der anderen Seite.**

den Menschen in Kontakt zu kommen, gehört es dazu, individuelle Beziehungen aufzubauen, aber es darf nicht dazu führen, dass der Trainer zu einem Teil der Gruppe den Kontakt verliert. Der Leiter sollte für alle Teilnehmer, nicht nur für sympathische, gleichermaßen ansprechbar und präsent sein.

So kann man's auch machen ...

Innere Prophylaxe – Trainiere deinen Krisenmanager!

Es ist (nicht nur) für jüngere Trainer ratsam, sich Situationen und Umgangsweisen zur «inneren Prophylaxe» für schwierige Situationen mit kompetenten Teilnehmern zurechtzulegen. Dies kann zu Hause im stillen Kämmerlein, im Rahmen eines kollegialen Gesprächs oder in der Supervision – beispielsweise mit Hilfe eines Rollenspiels – geschehen.

Thematisieren

Ein Trainer kann die offensichtliche Kompetenz des Teilnehmers auch direkt ansprechen, indem er mit Hilfe von Ich-Botschaften seine Gedanken dazu veröffentlicht. Das könnte zum Beispiel folgendermaßen aussehen: «Ich habe das Gefühl, dass Sie schon sehr versiert in Bezug auf das Thema XY sind. Ich bin mir unsicher, ob Sie hier noch viel Neues erfahren können ...» Wichtig ist, in den Aussagen deutlich zu machen, dass es sich um die persönlichen Eindrücke des Trainers handelt. Der Teilnehmer darf nicht in die Rolle eines kritischen Teilnehmers gedrängt werden, und es muss ihm die Möglichkeit gelassen werden, aus der exponierten Position wieder herauszukommen.

Beziehungsverträglich Grenzen setzen

Kommt es tatsächlich einmal vor, dass Teilnehmer aufgrund ihrer vorhandenen Kompetenz – bewusst oder unbewusst – die Rolle der inoffiziellen Ko-Leitung anstreben, sollte der Trainer wertschätzend und beziehungsverträglich Grenzen setzen. Das heißt, der Trainer erkennt ihre Kompetenz an, zum Beispiel durch eine entsprechende Äußerung, bittet sie aber – eventuell unter Bezugnahme auf den Wissensstand der anderen –, wieder einen Schritt zurückzutreten. Die folgende Formulierung ist hilfreich, um von dieser Alternative einen anschaulichen Eindruck zu bekommen:

«Ja, das stimmt, was Sie hier anbringen. Ich möchte das Thema aber zunächst auf meine Art angehen. Ich möchte Sie bitten, ein wenig Geduld zu haben und jetzt erst einmal abzuwarten. Darf ich Ihnen das zumuten?»

Bricht der Teilnehmer im weiteren Verlauf die mit seiner Zustimmung getroffene Vereinbarung, kann der Trainer darauf mit einer weiteren Äußerung reagieren: «Geht das für Sie, dass Sie meinen Vortrag einfach stehen lassen? Wenn Sie ihn trotzdem kommentieren, darf ich Ihnen dann auf die Finger klopfen?»

Nutzung der vorhandenen Kompetenz – den roten Teppich ausrollen

Eine Möglichkeit, mit kompetenten Teilnehmern konstruktiv umzugehen, ist, sie, statt sie als gefährliche potenzielle Konkurrenten oder schwierige Teilnehmer einzustufen, als Personen zu sehen, deren Wissen man nutzen kann. Der Trainer könnte zu Beginn «den roten Teppich ausrollen» und fragen, ob er gegebenenfalls auf den Erfahrungsschatz der betreffenden Person zurückgreifen darf: «Es scheint, als könnte Ihr Erfahrungsschatz für uns alle eine Bereicherung sein. Darf ich im Laufe des Seminars darauf zurückgreifen?» Des Weiteren hat der Trainer die Alternative, den Teilnehmer einzuladen, trotz seines Vorwissens aktiv dabeizubleiben: «Vielleicht können auch Sie aus diesem Seminar noch ein paar neue Anregungen mitnehmen.» Wird den kompetenten Teilnehmern eine solche Wertschätzung zuteil, kommt es in der Regel nicht zu den bereits behandelten Problemen der «inoffiziellen Ko-Leitung».

● **Kompetente Teilnehmer kann man fordern.**

Checkliste: Hochwertige Personalmeldung – kompetenter Teilnehmer

● Wem stehe ich in diesem Seminar wie gegenüber? Warum ist das so?

● Verletze ich die Neutralität (zu sehr)?

● Wie kann ich das Gleichgewicht wiederherstellen?

● Wen muss ich stärker berücksichtigen? Zu wem muss ich den Kontakt suchen?

Auf das Thema «Hochwertige Personalmeldung» wird im Zusammenhang mit dem Thema «Testen» im Kapitel «Die schwierige Teilnehmergruppe» (Seite 51) ebenfalls eingegangen.

■ 9.2 Die eigenen Ansprüche als Problemverursacher

Genügt der Leiter seinen eigenen Ansprüchen nicht, kann dies, wie auch in dem folgenden Beispiel, an Überarbeitung und zu wenig Regenerationszeit liegen.

Ein gebrauchter Tag

Die Trainerin – Tina Reinicke – leitet einen Workshop mit einem Arbeitsteam aus dem gewerblich-technischen Bereich. Während ihres Einstiegsvortrages zum Thema Teamarbeit denkt sie: «Himmel, das ist ja grauenvoll! Ich höre mich völlig hölzern und kompliziert an! So klingt das alles furchtbar langweilig und lernschwer. Der Tag heute ist irgendwie total verkorkst. Ich bekomme keinen Kontakt zu den Teilnehmern! Dabei habe ich doch extra die Pause vorhin noch genutzt, um durch Smalltalk mit der Gruppe besser in den Workshop zu starten. Irgendwie verliere ich die Einzelnen jetzt immer wieder! Ich liefere hier wirklich eine schlechte Performance ab! Und das bei der immensen Vorbereitung! Wie peinlich vor meinem neuen Ko-Leiter!»

Reflexion

Die Gruppe hatte zwar bemerkt, dass die Trainerin nicht in Bestform war, aber das eigentliche Problem in dieser Situation waren ihre eigenen Ansprüche an sich und ihre Leistung. Die Ursache für die schlechte Präsentation lag darin, dass der Leiterin der Kontakt zu sich selbst fehlte, woraufhin sie auch keinen stabilen Kontakt zu der Teilnehmergruppe herstellen konnte. Sie hatte ihre Leistungsgrenze überschritten, zu viele Gruppen nacheinander betreut und war kontaktmüde geworden. Daraus lässt sich die Konsequenz ableiten, dass man gerade als Trainer gut auf die eigenen Grenzen achten und sich nicht nur fachlich, sondern auch (zwischen)menschlich auf Trainings vorbereiten muss. Ein Seminar dauert länger als nur die Zeit vor Ort, es braucht sowohl Vor- als auch Nachbereitungszeit.

So kann man's auch machen ...

Pausen und Ruhephasen

Es ist vor, während und nach einem Seminar wichtig, Erholungszeiträume einzuplanen. Trainer sind ständig mit anderen Menschen in Kontakt und müssen darauf achten, sich selbst damit nicht zu überfordern. Hierbei ist es wichtig, auch den Kontakt zu sich selbst und zu den eigenen Bedürfnissen zu (be)halten. Die physische und psychische Gesundheit ist wichtiger als der nächste Auftrag. Gerade für Trainer ist «Grenzen setzen zu können» ein sehr wichtiges Thema.

● **Die eigene Gesundheit ist wichtiger als der nächste Auftrag.**

Trau deinem Gefühl

Selbstvertrauen ist ein weiteres entscheidendes Stichwort in Verbindung mit den eigenen Ansprüchen des Leiters. Es kann zu Schwierigkeiten «im» Trainer kommen, wenn er dem eigenen Gefühl – z. B. bezüglich der nun angebrachten Interventionen – nicht traut. Folgendes Beispiel soll zur Verdeutlichung von Schwierigkeiten aufgrund von nicht erfüllten Ansprüchen an sich und die eigene Leitungsrolle dienen:

Eine Trainerin führt ein Teamtraining mit einem sehr erfahrenen Ko-Leiter durch. Während der Veranstaltung hat sie mehrfach den Eindruck, dass ihr Kollege mit der Bearbeitung zu sehr an der Oberfläche des Problems bleibt. Sie dagegen würde gerne tiefer in die Problemklärung einsteigen. Sie hat andere Ansprüche und eine andere Herangehensweise an die Situation als ihr Ko-Trainer. Da er aber derjenige mit dem größeren Erfahrungsschatz ist, hält sie sich zurück und bleibt in ihrem inneren Zwiespalt zwischen mangelndem Selbstvertrauen und dem Zweifel an seinem Vorgehen gefangen.

Es ist wichtig, der eigenen Intuition zu trauen und, wenn einem das Vorgehen des Kollegen im Training nicht zielführend erscheint, ggf. auch eingreifen und die Verantwortung dafür übernehmen zu können. Dies kann sowohl im Zweiergespräch in der Pause als auch – bei entsprechender Beziehungsbasis – vor der Gruppe passieren. Entscheidend ist häufig, sich selbst treu zu bleiben und dem eigenen Gefühl zu vertrauen. (Mehr zur Problematik von Ko-Leitungen siehe Kapitel 6.)

Checkliste: Die eigenen Ansprüche als Problemverursacher

- Wie viele Trainings mache ich in diesem Zeitraum?
- Wie fühle ich mich bei dem Gedanken daran, Menschen zu treffen und mit ihnen zu arbeiten? Wie kann ich mit dem Gefühl konstruktiv umgehen?
- Wie viel Vor- und Nachbereitungszeit braucht das Seminar fachlich, und wie viel Zeit brauche ich persönlich?
- Was will ich in diesem Seminar leisten?
- Geht es in dem Seminar eher um (zwischen)menschliche oder um fachspezifische Aspekte? Was bedeutet das für meine Vorbereitung und die Randbedingungen bei der Durchführung?
- Wie kann ich im Rahmen des Seminars bzw. davor und danach für mich sorgen?
- Was will ich und was will ich auf keinen Fall erleben? Wo muss ich mir selbst – so wie ich mich kenne – Grenzen setzen?
- Wie fühle ich mich im Augenblick mit der Gruppe, dem Thema und der Arbeitsweise? Muss ich etwas ändern?
- Arbeiten wir an dem Punkt, um den es der Gruppe und mir hier gehen soll?

Bemerkenswert ist, dass die in diesem Kapitel geschilderten Situationen im Allgemeinen nicht zu tatsächlichen Schwierigkeiten im Seminar führen. Das heißt, dass die Probleme, die sich im Inneren des Trainers abspielen, nicht sichtbar werden. Die Ängste der Trainer haben meist eine Warnfunktion und tragen damit zum guten Verlauf der – bzw. zur Prophylaxe von ggf. folgenden – schwierigen Situationen bei.

10. Basiskompetenzen für schwierige Situationen

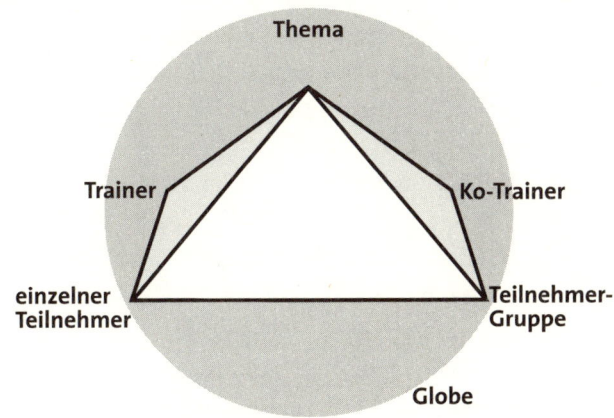

Gerne hätten wir in diesem Buch das zielsichere Universalverhalten präsentiert, die garantierte Rettung aus verfahrenen Situationen. Leider gibt es dieses allzeit anwendbare Universalverhalten nicht; denn die Crux ist, eine schwierige Situation hängt immer von den individuellen Umständen und den beteiligten Personen ab.

Sind dennoch Verallgemeinerungen möglich? Kann man grundlegende Handlungsweisen empfehlen? Wir denken, ja. Neben den vielen spezifischen Situationen und Handlungsmöglichkeiten lassen sich durchaus situations- und personenübergreifende Haltungen und Verhaltensweisen benennen, die im Umgang mit schwierigen Seminarsituationen hilfreich sein können, und solche «Basiskompetenzen» möchten wir in diesem Kapitel vorstellen. Im Allgemeinen haben sich folgende Verhaltensweisen als sinnvoll erwiesen:

- Die Wahrheit der Situation benennen: Dem Raum geben, was im Raum ist.
- Selektive Authentizität berücksichtigen: Die eigene Offenheit den Rollenanforderungen anpassen.
- Die Definitionsfreiheit des Trainers nutzen: Botschaften und Beziehungen bewusst interpretieren und gestalten.
- Verantwortung teilen: Verantwortung an die Gruppe abgeben.
- Struktur und Flexibilität zulassen: Die richtige Balance finden.
- Das eigene Trainer-Selbstverständnis kennen: Wissen, was man (nicht) weiß und kann – oder: Von Unvollkommenheit und Fehlerfreundlichkeit.
- Interesse für den anderen zeigen: Aktiv zuhören.
- Stellung beziehen: Vierfach Farbe bekennen.
- Supervision und Selbsterfahrung nicht vergessen: Die eigenen kritischen Punkte (er)kennen.
- Arbeitsfähigkeit erhalten: Für sich sorgen.

■ 10.1 Die Wahrheit der Situation benennen: Dem Raum geben, was im Raum ist

Auf die Frage, welchen Trick sie für knifflige Kommunikationssituationen empfiehlt, soll Ruth Cohn geäußert haben: «Wenn es schwierig wird in der Kommunikation, dann sag, was mit dir ist!» Die simpel klingende Empfehlung kann eine immense Wirkung haben und erscheint uns grundlegend wichtig im Umgang mit schwierigen Situationen. Diese Aussage lässt sich über das eigene Empfinden des Trainers hinaus noch erweitern: Gib dem Raum, was im Raum ist. Ein Trainer sollte den Mut haben, zu benennen, was ohnehin im Raume steht; das kann sein eigenes Empfinden betreffen oder die Atmosphäre in der Gruppe bzw. das Verhalten eines Einzelnen.

Eine Trainerin erlebte z. B. folgende Situation:

Es ist der dritte und letzte Tag eines Gesprächsführungsseminars. Aus Sicht der Trainerin ist das Seminar bisher gut verlaufen. Am Morgen dieses Tages äußert sich eine Teilnehmerin plötzlich kurz angebunden und barsch: «Ich bin heute extrem schlecht gelaunt und heilfroh, wenn das Seminar endlich vorbei ist. Und fragt jetzt nicht nach, mehr will ich nicht sagen!» Die Trainerin ist irritiert und überrascht. Sie fühlt sich hin und her gerissen zwischen dem Eindruck, diese plötzliche Missstimmung ansprechen zu müssen, und dem Impuls, den Wunsch der Teilnehmerin zu respektieren, nicht weiter darauf einzugehen. Sie reagiert folgendermaßen: «Also, auf Ihre Bemerkung muss ich jetzt doch mal reagieren. Denn ich bin überrascht und irritiert. Meinem Eindruck nach haben wir gestern gut zusammengearbeitet, und jetzt frage ich mich, ob ich etwas nicht mitbekommen habe, was Sie so unzufrieden sein lässt. Von daher habe ich die Frage, ob wir bezüglich des Seminars und unserer Zusammenarbeit etwas klären müssen, um weiterarbeiten zu können, oder ob diese Unzufriedenheit mit etwas anderem zusammenhängt, was nicht mit dem Seminar zu tun hat?»

Die Teilnehmerin erklärt daraufhin, sie sei enttäuscht, dass die anderen Teilnehmer sich am Vorabend so früh zurückgezogen und nicht mehr zusammengesessen haben. Auch wirft sie der Trainerin vor, die abendliche Gruppenaktivität nicht unterstützt zu haben. Darüber hinaus hat sie noch offene Fragen zu dem Thema Gesprächsführung, von denen sie nicht glaubt, dass sie im Laufe des letzten Tages noch beantwortet werden. Die Trainerin greift nun das unterschiedliche Kontakt- und Rückzugsbedürfnis der

Gruppe – sich selbst eingeschlossen – auf und die damit zusammenhängenden Konsequenzen für den Einzelnen. Außerdem sammelt sie die noch offenen Fragen der Teilnehmerin und die anderer Teilnehmer, sie werden anschließend im Plenum besprochen und geklärt.

Im ersten Schritt sprach die Trainerin ihren Eindruck aus: Sie äußerte ihre Irritation. Damit hat sie benannt, was sowieso in der Luft lag: die plötzlich angespannte Stimmung. Dies hat sowohl für sie selbst als auch für die Gruppe – die sich ebenfalls Gedanken macht und die beklemmende Atmosphäre wahrnimmt – eine entlastende Wirkung. Eine Stimmung, die im Raume schwelt, aber nicht benannt wird, beansprucht Energie und Aufmerksamkeit, ein effizientes Arbeiten ist dann schwer möglich. Die Gruppe steckt in einem Sumpf der unausgesprochenen Vermutungen und wahrnehmbaren Spannung. Je weniger darüber gesprochen wird, desto weiter sackt die Gruppe darin ein und reagiert entsprechend langsam und schwerfällig, es wird für alle zunehmend anstrengender. Wird jedoch der «Schwelbrand» rechtzeitig bearbeitet, reduziert dies die Spannung; das Unbekannte, Bedrohliche ist fassbar und handhabbar geworden. Die Trainerin signalisiert der Gruppe zugleich Souveränität, da sie keine Scheu hat, etwas mitunter Heikles anzusprechen.

Dicke Luft anzusprechen ist im ersten Moment natürlich nicht angenehm. Die Trainerin weiß nicht, was kommen wird: Öffnet sie womöglich die Büchse der Pandora*? Wird sie mit den gerufenen Geistern zurechtkommen? In den meisten Fällen kommt nicht die Büchse der Pandora zum Vorschein, sondern nur ein «Scheinriese», der jedoch, wenn er genauer betrachtet wird und Raum bekommt, nach und nach immer mehr in sich zusammenfällt.

Unausgesprochene Gedanken, Gefühle und daraus erwachsende Phantasien werden umso mächtiger und bedrohlicher, je länger man sie nicht zur Sprache bringt. Sie können eine Atmosphäre regelrecht vergiften und die Luft spürbar dick werden lassen – zum Schneiden. Spreche ich hingegen an, was sowieso jeder spürt, weicht der zunächst unfassbare «Scheinriese» immer mehr der Realität, und konkretes Handeln wird möglich. Also, lieber beim Teppichlüften hin und wieder Staub aufwirbeln, statt alles darunterzukehren und damit stolpergefährliche Unebenheiten zu verursachen!

Nachdem die Teilnehmerin ihre Enttäuschung und Wut benannt hat, ist die Trainerin auf das unterschiedliche Bedürfnis nach Geselligkeit und Ruhe in der Gruppe eingegangen. Während die einen sich nach einem Seminartag danach sehnen, den Abend mit Gesprächen an der Hotelbar ausklingen zu lassen, empfinden andere nach einem Tag voller Kontakte das Bedürfnis, den Abend allein zu verbringen. Überwiegt das Ruhebedürfnis in der Gruppe, kann dies für die Kontaktgenießer bedeuten, einen ungeselligen Abend verbringen zu müssen. Hier hat die Trainerin die Wahrheit der Situation benannt. Ein Ereignis als gegeben zu definieren kann ebenfalls eine entlastende Wirkung haben, die Feststellung hat dann erklärenden Charakter. Anstatt den Sachverhalt weiterhin zu bedauern und zu beklagen, wird durch die Diagnose dazu aufgefordert, ihn als vorhanden hinzunehmen und zu akzeptieren. Dann besteht die Möglichkeit zu überlegen, wie mit der Situation gemeinsam umgegangen werden soll. Aus der passiven Opferhaltung einzelner Teilnehmer kann nun ein aktives Verhalten resultieren und Verantwortung für das eigene Befinden übernommen werden.

Einen Eindruck anzusprechen muss nicht jedes Mal eine Lösung nach sich ziehen. Häufig genügt es, das, was ohnehin unausgesprochen im Raum steht, offen auszusprechen, um es gegebenenfalls als «in diesem Rahmen nicht lösbar» ad acta legen zu können.

Gut, wenn der Leiter auch zu unpopulären Gefühlen stehen kann, z. B. zu Unsicherheit. Wenn er sie veröffentlicht, ist allerdings ebenfalls wichtig, sich klar zu machen, dass es Teilnehmer gibt, die sich selbst keine Unsicherheit o. Ä. gestatten. Diesen Teilnehmern wird es auch schwer fallen, einem Trainer Unsicherheit zuzugestehen. Was eine Person in sich selbst abwehrt, sich selbst nicht zugesteht, wird sie ebenfalls in ihrem äußeren Umfeld abwehren und bei anderen Personen kritisieren. Dem Trainer kann es dann passieren, dass er es mit Abwehrreaktionen zu tun bekommt.

Gib dem Raum, was im Raume ist, und sag, was mit dir ist. So lautet also einer der wichtigsten Grundsätze im Umgang mit schwierigen Situationen. Heißt das nun, dass der Seminarleiter all seinen Gefühlen «einfach so Luft machen» kann?

Selbstverständlich sind auch hier an bestimmten Punkten Grenzen zu setzen. Drei Aspekte sind dabei von Bedeutung:

- Der Trainer sollte unvorhersehbaren Begebenheiten Zeit und Aufmerksamkeit einräumen, doch muss dies im richtigen Verhältnis zum Seminarziel stehen. Der Trainer sollte z. B. sensibel beobachten, ob ein Thema einen Einzelnen oder eine ganze Gruppe beschäftigt. Wird dem Einzelnen zu viel Raum auf Kosten der Gruppe gegeben, sind Folgekonflikte mit der Gruppe vorprogrammiert. Ist sich der Trainer diesbezüglich unsicher, so kann er die anderen Teilnehmenden durchaus fragen, ob das Thema auch sie betrifft und interessiert oder ob es die Fragestellung eines Einzelnen ist.

- Das Schutzbedürfnis der Gruppe ist unbedingt zu respektieren. Handelt es sich um ein heikles Thema der Gruppe, ein Tabu, oder um sehr persönliche Aspekte Einzelner, kann der Trainer anbieten, dafür Raum zu geben, und auch die möglichen Folgen aufzeigen, die daraus resultieren, wenn das Thema weiter nur unterschwellig kursiert. Gleichzeitig sollten die persönlichen Grenzen der Einzelnen berücksichtigt und gewahrt bleiben.

Das Bewusstsein über eigene Kerben und persönliche kritische Punkte darf er nicht außer Acht lassen: Konfrontiere die Gruppe nur mit dem, was wirklich die Gruppe betrifft, nicht mit eigenen Themen. Die gehören in die Supervision*.

Insgesamt gilt es, eine professionelle Balance zwischen authentischer Wiedergabe des eigenen Befindens und rollenadäquater Zurückhaltung zu wahren.

Tipp: Im Zweifel die Entwicklung der irritierenden Situation abwarten.

■ 10.2 Selektive Authentizität* berücksichtigen: Die eigene Offenheit den Rollenanforderungen anpassen

Um das Gleichgewicht zwischen dem Ausdruck eigener Gefühle und der Leitungsrolle im Seminar zu halten, ist selektive Authentizität von Bedeutung. Auch dieser Begriff stammt von Ruth Cohn, ebenso wie der damit verbundene Ausspruch: «Nicht alles, was echt ist, will ich sagen, doch was ich sage, soll echt sein!»

Immer wieder wird deutlich, dass es in schwierigen Situationen wichtig ist, der Gruppe so viele Aspekte des Geschehens wie möglich transparent zu machen. Bezüglich der eigenen Person geht es hierbei jedoch nicht um eine absolute Offenheit, sondern um eine Teiloffenheit. Die Unterscheidung zwischen optimaler und maximaler Authentizität ist an dieser Stelle entscheidend. Während sich der Leiter in schwierigen Situationen durch selektive Offenheit Handlungsfähigkeit bewahrt und Kompetenz und Souveränität ausstrahlt, besteht bei grenzenloser Authentizität die Gefahr, die Leitungskompetenz zu verlieren. Maximale Authentizität muss in der Seminarleitung durch Rollenbewusstsein und

Seelischer Exhibitionismus

Leitungsfunktion begrenzt sein. Es gilt also abzuwägen, welche Aspekte der inneren Realität man äußert. Beispielsweise macht es einen Unterschied, ob der Leiter sagt: «Ich bin überrascht und irritiert über ihre scharfe Kritik und weiß im ersten Moment nicht, wie ich jetzt darauf reagieren soll!» oder: «Ich

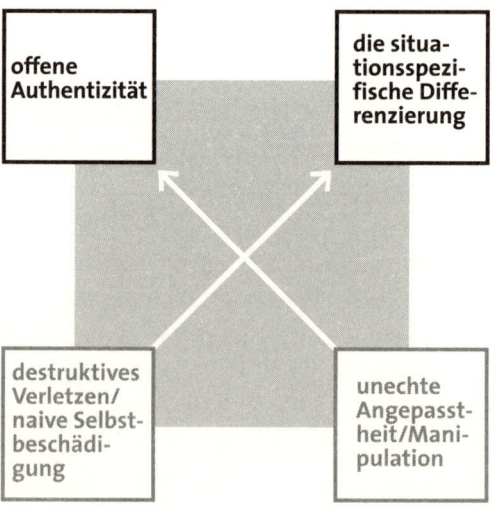

Abb. 6: Wertequadrat: Authentizität und Situationsangemessenheit

habe das Gefühl, als hätte ich alles falsch gemacht! Sie mögen mich alle nicht. Ich weiß jetzt auch nicht mehr, was ich noch machen soll ...»

Wichtig bei der Auswahl und Formulierung ist wiederum, dass das Offengelegte sowohl mit der eigenen Befindlichkeit als auch mit den Besonderheiten der Situation übereinstimmt. Schulz von Thun nennt dies «Stimmigkeit». Kommunikation ist dann ideal, wenn sie in diesem Sinne stimmig ist. Die ungünstigen Extreme bestehen darin, sich zwar authentisch, aber nicht situationsangemessen zu verhalten, das wäre dann «daneben» und könnte eine verletzende und destruktive oder eine selbstschädigende Wirkung haben. Das andere ungünstige Extrem besteht darin, sich zwar der Situation entsprechend zu äußern, aber nicht in Übereinstimmung mit der eigenen Persönlichkeit und Befindlichkeit, das wäre dann übermäßig angepasst und unecht.

Maske

Die Besonderheit der Seminarsituation ist im Allgemeinen dadurch bestimmt, dass der Leiter auch weiterhin die Leitungsfunktion wahrnehmen muss. Das bedeutet für ihn, dass er sich so weit über sein eigenes Befinden äußern kann, wie es mit der Leitungsrolle noch vereinbar ist.

Ein Trainer erlebte folgende Situation:

Er war als Ko-Leiter für ein Seminar eingeplant, das er zuvor noch nicht geleitet hatte. Am Abend vor dem Seminar erfuhr er, dass der Hauptleiter erkrankt war und er das Seminar mit einem anderen unerfahrenen Kollegen würde leiten müssen. Vor dem Seminar gingen ihm Gedanken durch den Kopf wie: «Wie soll ich das nur machen? Das geht nicht, wir können das nicht, wir haben doch kaum eine Ahnung. Das wird alles in die Hose gehen, das ist eine Katastrophe, was haben wir denn schon zu bieten ...»

In der Seminareröffnung entschied er sich für viel Transparenz den Teilnehmern gegenüber: «Sie wundern sich bestimmt, weshalb wir beide hier sitzen und Herr Müller fehlt. Lassen Sie mich Ihnen sagen, wir sind auch enttäuscht. Vorgesehen war ja eigentlich, dass Herr Müller das Seminar leitet. Gestern Abend haben wir jedoch erfahren, dass er krank ist und ausfällt. Und ich sage Ihnen, das war für uns wirklich ein kleiner Schock. Wir haben dann überlegt, ob wir das Seminar ausfallen lassen, dachten dann allerdings auch, dass viele von Ihnen ja von weit her bereits angereist sind, wollten Ihnen eine so kurzfristige Absage nicht zumuten. Gott sei Dank konnte Herr Seibert kurzfristig einspringen ...»

Er berichtete den Teilnehmern vieles von dem, was tatsächlich vorgefallen war. Sein Empfinden allerdings, nämlich einem Nervenzusammenbruch nahe gewesen zu sein und sich das Seminar in dieser Konstellation kaum vorstellen zu können, schwächte er ab in: «Das ist nicht unsere Wunschsituation, und wir waren wirklich geschockt, als wir hörten, dass Herr Müller ausfällt ...» Auf diese Weise wurde die Wahrheit der Situation deutlich, ohne dass der Trainer seine Leitungsrolle gefährdete.

Im Zusammenhang mit der Äußerung von eigenen Gefühlen des Trainers im Seminar geht es immer wieder um die Frage: Was ist professionell? Erst das richtige Maß macht wahre Professionalität aus. Eigene Gefühle und Eindrücke zu unterdrücken, ist im gleichen Maße unprofessionell, wie sich ungefiltert Luft zu machen. Die eigenen Gefühle des Trainers können ein gutes Indiz für unterschwellige Vorkommnisse in der Gruppe sein. Blockt der Trainer eigene Gefühle ab, bekommt er viele Ebenen des realen Geschehens nicht mit. Diese Empfindungen mitzubekommen ist nicht immer angenehm, aber gut und wichtig. Hier ist der Trainer selbst sein wichtigstes Instrument.

● **Die Empfindungen des Trainers sind oft sein wichtigstes Instrument!**

Gleichzeitig gilt es, seinen Gefühlen gegenüber kritisch zu sein und ein Gespür dafür zu entwickeln, woher die eigenen Emotionen kommen, und zu entscheiden, ob sie ins Seminar gehören oder in die Supervision. In diesem Zusammenhang wird deutlich, wie grundlegend wichtig eigene Supervision oder Therapie ist, um eigene wunde Punkte zu identifizieren und sie am richtigen Ort zu bearbeiten.

■ 10.3 Die Definitionsfreiheit des Trainers nutzen: Botschaften und Beziehungen bewusst interpretieren und gestalten

Entscheidend für die Entstehung und den Verlauf einer Situation ist die Einschätzung bzw. Beurteilung des Trainers. Was wird durch das schwierige Ereignis im Seminar ausgelöst, und wie fällt daraufhin seine Reaktion aus?

Ein Trainer hat wenig Einfluss darauf, wie die Teilnehmer agieren, aber er besitzt die Freiheit zu entscheiden, wie er die Situation interpretiert und selbst darauf reagiert. Um diese Wahlfreiheit nutzen zu können, muss er sich allerdings seiner eigenen wunden Punkte bewusst sein, um nicht vom «Autopiloten» der eigenen Gefühle übermannt und gesteuert zu werden. Wenn es einem Trainer gelingt, Situationen zu identifizieren, in denen er aufgrund eigener seelischer Fettnäpfchen anspringt – beispielsweise weil der eigene Vater die Leistungen und Bemühungen des Sohns selten anerkannt hat und nun der Teilnehmer im Seminar ebenfalls Skepsis an seiner Kompetenz äußert –, hat er gute Chancen, die Austragung dieses Konfliktes an eine andere Stelle zu setzen und in der

Situation selbst auch andere Definitionen in Erwägung zu ziehen.

Schließlich muss man nicht auf jeden vorbeifahrenden Karren springen! Der Trainer hat die Freiheit zu entscheiden, auf welchen Karren er springt und welchen er vorbeifahren lässt.

Ein Trainer kann sich z. B. aufgrund der Bemerkung «Haben Sie überhaupt schon mal richtig gearbeitet?» innerlich und äußerlich auf die Anklagebank setzen, sich abgewertet und angegriffen fühlen und mit defensiver oder offensiver Munition aufrüsten. Er kann den Teilnehmer aber auch einfach als jemanden sehen, der mal einen Lacher von seinen Kollegen ernten wollte.

In dem Maße, in dem es dem Trainer gelingt, Botschaften mit dem «Selbstkundgabe-Ohr» (Schulz von Thun, 1981) zu hören, also darauf zu achten, was das Gesagte über den Sender, über seine Persönlichkeit, Stimmung und Verfassung aussagen könnte, wächst sein dickes Fell gegenüber angreifenden Äußerungen und somit die Chance, gelassener zu reagieren. Damit ist nicht gemeint, das Gespür für Anfeindungen gegen die eigene Person zu verlieren oder Angriffe krampfhaft zu ignorieren. Vielmehr geht es um die «hausgemachte» Gewichtung, mit welcher der Empfänger Botschaften aufnimmt. Je weniger brisant es bei mir ankommt – ich es in meiner Wahrnehmung mache –, desto freier und souveräner bin ich in der Wahl meiner Reaktion. Gerade dann besteht die Möglichkeit, mein Gegenüber mit dem Gesagten und dessen Wirkung und Begleitbotschaft zu konfrontieren.

Um die eigenen Freiräume beim Empfangen von Äußerungen und Botschaften zu erkennen, ist es hilfreich, sich die Psychologie der Wahrnehmung vor Augen zu führen. Der Empfang einer Nachricht ist ein aktiver Prozess mit hohem

Eigenanteil, der aus drei Schritten besteht: wahrnehmen, interpretieren und fühlen.

Meiner Wahrnehmung (ich höre, sehe, fühle, rieche etwas) folgt meine Interpretation. Und dieser Moment, in dem ich der Begebenheit eine bestimmte Bedeutung zuschreibe, ist richtungsweisend für das weitere Geschehen. Aufgrund dieser Bedeutungszuschreibung entsteht ein Gefühl (z. B. entlarvt, angegriffen, unverstanden, gedemütigt …), das für meine Reaktion handlungsleitend wird. Das Gefühl reagiert also auf meine Interpretation. Streng genommen führen also meine Gedanken zu meinen Gefühlen, nicht das Verhalten des anderen. Das enthebt mein Gegenüber nicht seiner Verantwortung, trotz eigener Interpretation kann der andere tatsächlich eine böse Absicht gehegt haben. Aber auch hier wird deutlich, dass der Empfänger nicht Opfer des Senders sein muss, sondern erheblichen Spielraum für seine Interpretationen hat. Diesen kann er nutzen. Gerade bei unterschwelligen Botschaften hat der Empfänger die Chance, zu entscheiden und zu verdeutlichen, wie er das Gesendete aufnimmt. Er kann dies durchaus explizit machen, indem er auf den oben genannten Satz wie folgt reagiert: «Ich interpretiere Ihre Äußerung als: ‹Na, ich bin skeptisch, was hier auf mich zukommen wird. Ich selbst habe so viel Erfahrung, was soll ich hier eigentlich noch lernen. Das werde ich erst mal mit etwas Abstand betrachten!› Kommt das hin, oder protestieren Sie bei dieser Interpretation?»

In diesem Fall hat der Trainer deutlich gemacht, dass er nicht auf das «Beziehungsangebot» einsteigt, sich aber auch nicht sogleich verteidigt.

Eine andere Möglichkeit, zu zeigen, wie er den Ausspruch versteht, ist, die Absurdität der Aussage zu verdeutlichen und den Faden des Teilnehmers aufzunehmen: «Nein, richtig gearbeitet habe ich noch nie. Aber an nichtrichtiger Arbeit kann ich schon einiges vorweisen.» Oder: «Vielen Dank für die einleitenden Worte, das gibt mir Gelegenheit, mich und meine Arbeit vorzustellen ...»

Solche und vergleichbare Reaktionen können einen aufkeimenden Konflikt entschärfen, indem der Trainer zunächst gelassen und mit einem «Augenzwinkern» auf entsprechende Äußerungen reagiert, also nicht direkt «mit Kanonen auf Spatzen schießt». Vor allem zu Beginn des Seminars können Aussprüche dieser Art auch einen kleinen Trainer-Test darstellen. Für einige Teilnehmer ist es wichtig zu erfahren: Wie reagiert der Leiter darauf, was kann der da vorne ab, wie geht er mit uns Teilnehmern um? In diesem Fall tut der Trainer gut daran, nicht direkt auf die Barrikaden zu gehen, sondern so gelassen wie möglich in beziehungsverträglicher Weise zu kontern.

Andererseits sind Reaktionen dieser Art nur dann sinnvoll, wenn die Beziehung noch keinen wirklichen Schaden genommen hat. Gibt es bereits einen Konflikt, führen solche Scheingefechte, in denen jeder versucht, vor der Gruppe Punkte zu sammeln, es aber nicht um das Eigentliche geht, zu einer Verhärtung und machen eine wirkliche Klärung, die dann erforderlich ist, zunehmend schwierig.

Nicht immer einfach, aber sehr entlastend ist es, wenn es dem Trainer gelingt, dem Verhalten des anderen etwas Positives abzugewinnen. Im obigen Beispiel könnte das die Konfrontationsfähigkeit des Teilnehmers sein, die dem Trainer im Vergleich zu unausgesprochenen Vorbehalten zumindest die Gelegenheit bietet, darauf zu reagieren. Es besteht also auch die Möglichkeit, schwierige Teilnehmer (um-) zu definieren, z. B. als Personen, die man besonders fordern kann. Teilweise stellen sie sogar eine wertvolle Fundgrube für «kritische Punkte im System» dar.

Jeder Trainer hat die Möglichkeit, Beziehungen zu Teilnehmern selbst (mit) zu bestimmen, und er besitzt die Freiheit, Beziehungsvorgaben der Teilnehmer abzulehnen. Das heißt, dabei in eine aktive Rolle zu gehen und die Beziehung selbst zu gestalten. In Abhängigkeit von der Definition und Einschätzung der Situation steht auch das Ausmaß an Stress, welches der Trainer erlebt.

● **Die Kunst ist, Beziehungen selbst zu definieren!**

Lazarus vertritt in seinem transaktionalen Stressmodell* die Ansicht, dass erst durch die persönliche Bewertung aus potenziellen Stressoren aktuell wirksame Stressoren werden (Kaluza, 1996). Situationen und Ereignisse werden also in zweifacher Weise bewertet. Die erste Bewertung bezieht sich darauf, ob das Ereignis, z. B. ein störender Teilnehmer, als unwichtig, positiv oder bedrohlich eingestuft wird. Hierbei ist für das Stresserleben des Trainers entscheidend, ob er den Teilnehmer als Bedrohung oder Herausforderung wahrnimmt. Die zweite Bewertung bezieht sich auf die Bewältigungsmöglichkeiten: «Kann ich dem begegnen, habe ich dem etwas entgegenzusetzen?» Das Ausmaß an Stress hängt also davon ab, wie der Trainer erstens die Situation einstuft und zweitens die eigenen Bewältigungsmöglichkeiten einschätzt. Gelingt es einem Trainer, eine schwierige Situation stärker als Herausforderung denn als Bedrohung zu bewerten, kann sich dies positiv auf sein Stressempfinden auswirken und eine Blockierung vermeiden.

Tipp zur Interpretationskontrolle: Was wäre bei mir die Ursache, wenn ich mich an Stelle des anderen so (z. B. kritisch/albern/ablehnend/distanzlos u. Ä.) verhalten würde?

● 10.4 Verantwortung teilen: Verantwortung an die Gruppe abgeben

Je nachdem wie der Trainer seine Aufgabe im Rahmen des Seminars definiert, wird er die Frage nach seiner Leitungsaufgabe und Verantwortung anders beantworten. Tatsächlich spiegelt sich diese Haltung dann in dem konkreten Umgang mit schwierigen Situationen wider.

Alle Beteiligten des Seminars, der Leiter, die Teilnehmenden, der Auftraggeber, tragen Verantwortung für das Gelingen. Mit dem Blick auf die Bewältigung akuter schwieriger Situationen richtet sich unser Fokus auf die Verantwortungsübernahme und -abgabe des Leiters. Dem Leiter obliegt die Aufgabe, die Balance zu halten zwischen Übernahme der Leitungsverantwortung und Abgabe der Teilverantwortung an

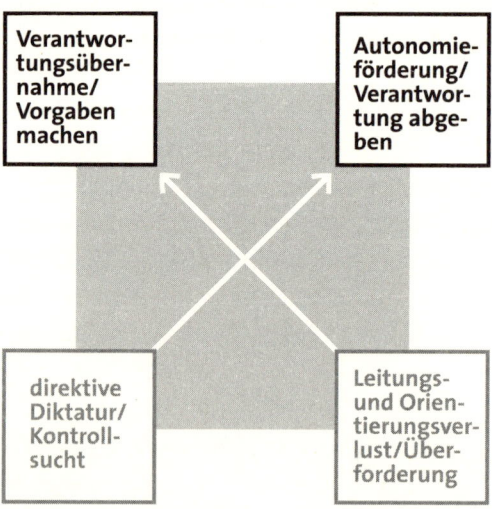

Abb. 7: Wertequadrat: Verantwortung übernehmen und Autonomie

die Teilnehmer. Er muss Verantwortung teilen, sie an die Teilnehmer abgeben, gleichzeitig jedoch zu seiner Leitungsverantwortung stehen. Entscheidend ist, dass er weder zum diktatorischen Befehlshaber wird noch die Teilnehmerorientierung zu sehr ausreizt und sich aus der Verantwortung stiehlt.

Für heikle Situationen ist es hilfreich, sich bewusst zu machen, dass auch hier alle Beteiligten mitverantwortlich sind. Der Leiter darf die Gruppe in schwierigen Situationen daher durchaus nach ihrem Eindruck fragen: «Wie nehmt ihr die Situation wahr?», und auch nach Vorschlägen: «Wie wollt ihr jetzt damit umgehen?» oder «Wie wollen wir damit umgehen?».

Die innere Einstellung dabei lautet: «Alle Anwesenden sind dafür mitverantwortlich, wie wir hier miteinander arbeiten und umgehen, welche Stimmung in diesem Seminar entsteht, und sie haben ihren Beitrag zu leisten!» Diese Haltung ist realistisch, bringt Entlastung für den Trainer und darf auch veröffentlicht werden, wenn der Eindruck entsteht, dass sich die Gruppe ihrer Verantwortung entziehen möchte.

Tipp: Im Zweifel Autonomie fordern und fördern. Wir neigen alle dazu, die Kontrolle zu behalten und den Teilnehmern zu wenig fruchtbare Selbständigkeit zuzutrauen.

■ 10.5   Struktur und Flexibilität zulassen: Die richtige Balance finden

Zu starke Strukturtreue und daraus resultierender fehlender Freiraum für die Teilnehmerbedürfnisse und prozessualen Ereignisse verursachen viele schwierige Situationen. Auf der anderen Seite können sie auch auf einer fehlenden Struktur und einer zu großen Prozessoffenheit beruhen, wenn sich Teilnehmer z. B. allein gelassen und überfordert fühlen.

In jedem Fall lassen sich etliche schwierige Begebenheiten durch das richtige Maß an Flexibilität und Struktur bewältigen. Das bedeutet, ein Trainer muss in bestimmten Situationen vom anfänglichen Plan abweichen können, von seinem ursprünglichen Vorhaben ablassen und Raum für unvorhergesehene Aspekte einräumen. Ist ihm das nicht möglich, wird das weitere Vorgehen nach Plan mühsam und zäh. Die Gruppe ist dann innerlich mit etwas anderem beschäftigt. Durch Festlegung an der falschen Stelle wird ihr erheblich Energie genommen. Hier ist es wichtig, die Wünsche und Bedürfnisse der Teilnehmer ernst zu nehmen und die Gruppe in Entscheidungsprozesse mit einzubeziehen, z. B.: «Wie geht es thematisch weiter?» Der Trainer orientiert sich stärker an den Teilnehmern als an dem vorgegebenen Thema – natürlich ohne die Leitung abzugeben. So wichtig die Teilnehmerorientierung auch ist, der Trainer darf sie nicht überreizen und sich aus der Leitungsverantwortung stehlen. Gibt der Leiter zu schnell nach und wirft sogleich sein Konzept über Bord, besteht die Gefahr, dass die Gruppe unsicher wird und an der Kompetenz und Souveränität des Trainers zu zweifeln beginnt.

Es geht also immer zugleich um beides: Struktur ohne Rigidität, verbunden mit Flexibilität ohne Beliebigkeit. Die

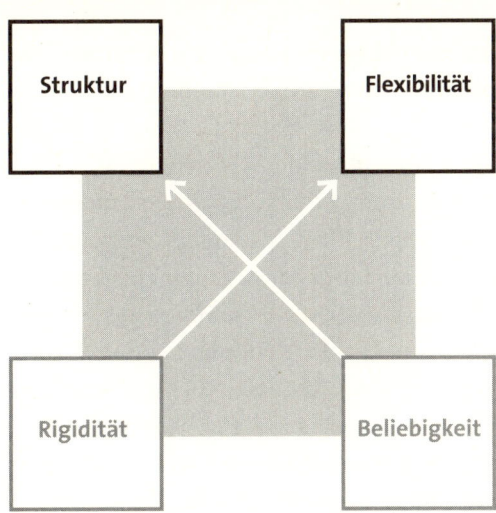

Abb. 8: Wertequadrat: Struktur und Flexibilität

richtige Balance zu finden ist vor allem dann von Bedeutung, wenn das Interesse der Teilnehmer, ihr Bedarf oder ihre Aufmerksamkeit und Energie nicht auf das Seminarthema gerichtet sind, sondern auf etwas anderes. Dabei kann es sich z. B. um ein anderes Thema, um zwischenmenschliche Konflikte, firmeninterne Prozesse oder weltpolitische Ereignisse handeln. Die Frage, die sich dem Trainer stellt, ist: «Wie weit gehe ich darauf ein?»

An dieser Stelle kommen wir wieder auf den ersten Punkt zurück: Gib dem Raum, was im Raum ist! Je nach Ausmaß des Ereignisses sind die Teilnehmer sowieso damit beschäftigt und können sich nicht auf das Seminarthema konzentrieren. Manchmal genügen ein paar Minuten, um sich darüber auszutauschen und sich dann wieder dem Seminarthema zuwenden zu können. Nur in Ausnahmefällen ist ein weiteres themenorientiertes Arbeiten nicht mehr möglich.

Außerdem gilt es abzuwägen, ob es sich um ein Individualinteresse eines einzelnen Teilnehmers handelt oder ob der Großteil der Gruppe z. B. einen Themen- bzw. Methodenwechsel wünscht. Eine nahe liegende Möglichkeit ist hier, ein Meinungs- oder Stimmungsbild der Gruppe einzuholen.

Als weiteres Spannungsfeld für den Trainer kommen neben den Interessen der Teilnehmer die der Auftraggeber und seine eigenen ins Spiel. Nicht immer ist es möglich, hier entstehende Interessenkonflikte zur Zufriedenheit aller zu lösen. Wichtig ist aber in jedem Fall, größtmögliche Transparenz herzustellen. Auch wenn die Interessen der Teilnehmer nicht ausreichend berücksichtigt werden können, hilft die Transparenz, Akzeptanz und Verständnis zu fördern. Da die Gruppe an der Seminarverantwortung mitträgt, kann sich der Trainer so Entlastung verschaffen. Die letzte Entscheidung darüber, welche Interessen im Seminar wie berücksichtigt werden, verbleibt jedoch bei ihm.

Wird in einigen Momenten Flexibilität und Beweglichkeit vom Trainer verlangt, erfordern andere wiederum Begrenzung, Struktur und klare Anweisungen über das Was, Wie und Wie lange.

Ein Trainer ist und bleibt für die Struktur eines Seminars verantwortlich, d. h., er hat zu entscheiden, welcher Vortrag, welche Übung, welche Diskussion etc. zu welchem Zeitpunkt stattfinden soll. Der Trainer muss ein Gespür dafür entwickeln, welches Ausmaß an vorgegebener Struktur für das Seminar, die Gruppe und die spezifische Situation sinnvoll ist. Ihm obliegt also, genau zu beobachten und zu entscheiden, welche Vorgehensweise im Moment für die Gruppe den größten Vorteil bringt – in Abhängigkeit von seinen Verpflichtungen und Möglichkeiten.

Auch das Thema bzw. der Auftrag wirkt sich auf das richtige Verhältnis von Struktur und Flexibilität aus. Generell gilt: Je höher der Grad an Selbsterfahrung sein soll, desto weniger sollte der Trainer strukturieren. Bei Fachseminaren, z. B. Einführung in SAP, kehrt sich die Relation dementsprechend um.

> **Tipp:** Im Zweifel bei der geplanten Struktur bleiben, denn die ist ja (hoffentlich) gut durchdacht gewesen! Und: Sowohl bei Strukturgebung am Anfang als auch bei flexiblen Veränderungen ist Transparenz grundlegend wichtig!

◼ 10.6 Das eigene Trainer-Selbstverständnis kennen: Wissen, was man (nicht) weiß und kann – oder: Von Unvollkommenheit und Fehlerfreundlichkeit

Die Einstellung «Ich muss auf jede Frage mit einer geistreichen Antwort entgegnen können» eignet sich wunderbar, um sich selbst stark unter Druck zu setzen. Obgleich jeder weiß und bestätigen kann, wie unrealistisch und absurd diese Vorstellung ist, schleichen sich ähnliche Gedanken immer wieder ein und stiften Unruhe. Erwarte ich insgeheim von mir, jede Situation bravourös zu meistern, ist ein Gefühl von Unzulänglichkeit vorprogrammiert. Es ist nicht möglich, diesem Anspruch zu genügen. Verabschieden Sie sich von der Vorstellung, ein «wandelndes Lexikon» sein zu müssen.

Schopenhauer formuliert es folgendermaßen: «Zu verlangen, dass einer alles, was er je gelesen, behalten hätte, ist, wie verlangen, dass er alles, was er je gegessen hätte, noch in sich trüge!»

Sich selbst zuzugestehen, nicht alles wissen und können zu müssen, ist ein trivialer und dennoch grundlegend wichtiger Schritt. Dazu ist es sinnvoll, sich die eigenen Kompetenzen und die damit verbundenen Grenzen bewusst zu machen. Das ist sogar in mindestens zweifacher Weise hilfreich. Zum einen ermöglicht es dem Trainer, «falsche Aufträge» abzulehnen – auch das ist eine wichtige Kompetenz! – und sich somit nicht zu überfordern. Zum anderen bewahrt ihn die innere Klarheit davor, sich selbst unnötigerweise unter Druck zu setzen, und unterstützt ihn dabei, die eigene Kompetenz und deren Grenzen souverän nach außen hin zu vertreten.

Sich selbst und anderen gegenüber Fehler und Nichtwissen einzugestehen, ist ein wichtiger Bestandteil von Professionalität. Sie beinhaltet einerseits fachliche Kompetenz, Fakten, Klarheit, Souveränität und Intellekt, andererseits auch Menschlichkeit. Damit ist die berührbare, fehlbare, mit Emotionen verbundene «weiche» Seite des Menschen gemeint, ohne die wir zu roboterhaften funktions- und ergebnisorientierten Mechanismen verarmen würden. Somit wird der Umgang mit eigenen Unzulänglichkeiten von entscheidender Bedeutung für professionelles Handeln.

Eine gelassene, souveräne Einstellung – in Verbindung mit einer realistischen Einschätzung – bewahrt den Trainer davor, unter Druck zu geraten. Paradoxerweise strahlt ein Leiter, der die Fähigkeit besitzt, eine Unsicherheit offen zuzugeben, sogar Sicherheit aus. Dies wiederum entschuldigt nicht fehlende Fachkenntnisse. Ein gutes Pfund an thematisch-fachlicher und kommunikativ-pädagogischer Kompetenz ist die Vertrauensgrundlage der Teilnehmer in den Leiter.

Ein Trainer sollte sich also seiner eigenen Kompetenzen

ebenso bewusst sein wie seiner Grenzen. Er sollte sich weiter-entwickeln und fortbilden und sich ebenso zugestehen, nicht auf jede Frage die perfekte Antwort parat zu haben.

Tipp: Es lohnt, sich fachlich gut vorzubereiten und sich auch pädagogisch gelegentlich weiterzubilden, damit man etwas mehr auf Lager hat als nur das Notwendigste: Möglichst keine Trainings, die mit heißer Nadel gestrickt sind, durchführen!

10.7 Aktiv zuhören: Interesse für den anderen zeigen

Um mir einen Reim auf das Geschehen machen zu können, muss ich zunächst verstehen, worum es genau geht. In der Regel hat jede Person einen guten Grund für ihr Verhalten. Erscheint mir das Verhalten des anderen als unsinnig, dumm oder bösartig, spricht das in erster Linie dafür, dass ich den anderen noch nicht ausreichend verstanden habe, dass mir der (Hinter-)Grund seines Verhaltens nicht deutlich ist. Damit ist mit der Trainerrolle häufig der Auftrag verbunden, herauszubekommen, worum es dem Teilnehmer tatsächlich geht. Hier ist aktives Zuhören der Weg der Wahl. Der Trainer bemüht sich, die Situation aus der Perspektive des anderen nachzuvollziehen, und gibt in seinen Worten wieder, inwieweit er den anderen verstanden hat. Nachfragen und zurückmelden, was angekommen ist, ist so lange erlaubt und sinnvoll, wie der andere bereit ist, über sich zu sprechen, und bis der Trainer wirklich verstanden hat, worum es geht.

Durch aufrichtiges Interesse und aktives Zuhören wird

dem Teilnehmer signalisiert, dass er ernst genommen wird. Auf den ersten Blick scheint es selbstverständlich, dass ein Trainer einen Teilnehmer ernst nimmt. Den anderen genau so ernst zu nehmen wie sich selbst, ist allerdings schon nicht mehr so selbstverständlich.

● **Die beste Strateg ist es, den anderer ernst zu nehmen!**

Für viele Trainer hat sich dies jedoch als effektive «Strategie» bewährt, an die man sich selbst hin und wieder erinnern sollte.

Gelingt es dem Trainer, seine eigene Meinung zunächst hintanzustellen und sich dem Teilnehmer oder den Teilnehmern mit aufrichtigem Interesse zuzuwenden, hat dies diverse Vorteile. Zum einen erhält er die Möglichkeit, zu begreifen, was tatsächlich los ist – ein beträchtlicher Gewinn für das weitere Vorgehen und eine wesentliche Grundlage für eventuelle Vereinbarungen und Lösungen. Zum anderen erhöht sich die Chance, dass auch er im Anschluss wirklich (an)gehört wird. Während Personen, die sich nicht verstanden fühlen, im «Argumentations-Pingpong» ihre Ansichten ständig wiederholen, und Personen, die sich nicht gehört fühlen, auch dazu neigen, sich unerhört zu verhalten, ist es einem Menschen, der sich verstanden fühlt, viel eher möglich, auch anderen zuzuhören. Aktives Zuhören kann so auf beiden Seiten die Gemüter beruhigen: denjenigen, der zu Wort kommt, aber auch denjenigen, der nun die Beweggründe des anderen besser versteht.

Neben diesen humanistisch wertvollen Aspekten gibt es jedoch auch andere, banale Gründe, die für das aktive Zuhören in schwierigen Situationen sprechen. Der Trainer gewinnt dadurch Zeit: Zeit, sich zu sortieren, seinen eigenen Standpunkt zu klären, evtl. auch, um Blockaden zu lösen. In diesem Sinne kann aktives Zuhören eine sinnvolle Erste-Hilfe-Maßnahme

sein, um eigene Sprachlosigkeit und Blockierung zu überbrü-
cken.

Tipp: Im Zweifel 60 Sekunden länger aktiv zuhören, bevor man
selbst spricht. Das verbessert die Qualität des ganzen Gesprächs
erheblich.

◼ 10.8 Stellung beziehen: Vierfach Farbe bekennen

So wichtig wie das aufrichtige Interesse an dem anderen ist,
kann es in schwierigen Situationen auch von Bedeutung sein,
selbst klar und deutlich seine Meinung zu äußern. Einen guten
Wegweiser, um zu den wichtigsten Aspekten Stellung zu beziehen, bieten die vier Seiten des Kommunikationsquadrates
(Schulz von Thun, 1981): Sachseite, Selbstkundgabe, Beziehung und Appell.

Der Trainer kann sich zunächst fragen, was es zur Sachseite zu bemerken gibt. Dies kann (a) thematische Aspekte betreffen (z. B.: «Sie haben Recht, aktives Zuhören ist nicht in
jeder Lage angebracht. Es gibt Situationen, in denen es stattdessen dringend angezeigt ist, selbst Stellung zu beziehen»)
oder (b) das Situationsverständnis (z. B: «Es stimmt, wir arbeiten noch nicht viele Jahre zusammen, wir sind noch kein eingespieltes Trainerteam, sondern wir müssen uns noch aufeinander einspielen!») oder auch (c) beobachtbares Verhalten
(«Mir fällt auf, dass Sie jetzt zum dritten Mal zu spät kommen»).

Hier ist zunächst eine rationale Ebene im Spiel, die dazu

beiträgt, die Sachlage zu klären, Informationen zu geben, und die unter Umständen, bei hoher emotionaler Betroffenheit, eine entschärfende Wirkung haben kann.

Neben der Sachseite spielt die Selbstkundgabe eine wichtige Rolle, das: Was geht in mir vor? Zum Beispiel: «Mich stört Ihr Zuspätkommen. Ich werde jedes Mal unterbrochen und herausgerissen.»

Sich über das eigene Empfinden zu äußern lässt den Trainer als Menschen sichtbarer und greifbarer werden. Das braucht Mut, ermöglicht aber auch Verstehen und Kontakt. Oftmals kann es zu einer Entkrampfung beitragen, wenn dadurch Verhaltenshintergründe des Trainers deutlich werden. Darüber hinaus ermöglicht es dem Trainer, Aspekte loszuwerden, anstatt sie innerlich anzusammeln und eine Blockierung zu riskieren.

Der dritte wichtige Punkt betrifft die Beziehungsseite. Hier geht es darum, wie ich den anderen wahrnehme, z. B.: «Ich finde Ihr Verhalten unhöflich!», und auch, wie ich mich vom anderen behandelt fühle: «Ihr Ton mir gegenüber ist eine Unverschämtheit und inakzeptabel!» In einer Konfliktsituation sind deutliche Beziehungsbotschaften unabdingbar. Auch ein Trainer muss Grenzen setzen und deutlich machen, was er durchgehen lässt und was nicht. Achtung und ein Mindestmaß an Höflichkeit werden sowohl vom Trainer den Teilnehmern gegenüber erwartet als auch umgekehrt. In manchen Situationen hat der Leiter keine andere Wahl, als sich durch konfrontative Du-Botschaften* Respekt zu verschaffen. Klar zu äußern, wie ich den anderen sehe, darf allerdings nicht bedeuten, das verbale Maschinengewehr aus der Tasche zu ziehen und abzufeuern. Ein Satz wie «Sie sind ein unverschämter Idiot» mag der eigenen Einschätzung entsprechen, dient aber nicht dem weiteren Seminarverlauf. Auch konfrontative Du-

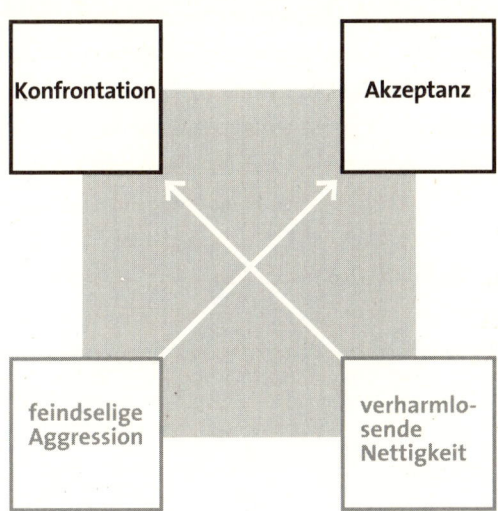

Abb. 9: Wertequadrat: Konfrontation und Akzeptanz

Botschaften müssen in einer beziehungsverträglichen Art und Weise geäußert werden. Dann ermöglichen sie eine ernsthafte Klärung. Auf der Beziehungsebene ist also die Balance von Konfrontation und Akzeptanz von ausschlaggebender Bedeutung:

Zu guter Letzt ist es unvermeidlich, deutlich zu äußern, was ich vom anderen wünsche oder erwarte, also der Appell. Zum Beispiel: «Ich möchte Sie bitten, zukünftig pünktlich zu sein.» Die offen ausgesprochene Erwartung ist in dieser Situation sehr viel ratsamer als eine latent mitschwingende Botschaft. Hier gilt es, zu den eigenen Wünschen und Erwartungen zu stehen. Nur wenn ich sie offen geäußert habe, kann ich erwarten, dass mein Gegenüber sie in Betracht zieht. Andernfalls besteht die Gefahr, dass meine Erwartung, so klar sie mir selbst auch sein mag, beim anderen nicht ankommt. Oder dass bei ihm die Haltung entsteht: «Wenn er etwas von mir will, soll er mir das eindeutig sagen, vorher rühre ich mich nicht!» Hier wird deutlich, dass die Wirksamkeit von Appellen immer auch mit der Beziehung zusammenhängt. Bei einer ungeklärten Beziehung sind Appelle in der Regel wirkungslos, beim Gegenüber setzt sich dann leicht fest: «Von dem lasse ich mir gar nichts sagen!» In diesem Fall muss zuerst der Beziehung Aufmerksamkeit gewidmet werden!

Tipp: Kritische Stellungnahmen zu einzelnen Personen besser unter vier Augen.

■ 10.9 Supervision und Selbsterfahrung nicht vergessen: Die eigenen kritischen Punkte (er)kennen

Für den Trainer ist es unvermeidlich, sich mit seinen eigenen wunden Punkten auseinander zu setzen. Das heißt, die Themen zu kennen, die für einen selbst brisant werden können. Eigene Kerben können durch aktuelle Lebensumstände bestimmt oder auch langjährig gewachsene Verhaltensmuster sein. Für den einen Trainer ist es gemaßregelt zu werden, für den anderen, sich nicht akzeptiert zu fühlen, für die Nächste eventuell eine anzügliche Bemerkung. Die Schwierigkeit in «Ach-du-Schreck-Situationen» ist, dass man die eigenen Kerben nicht erkennt und einen in der eigenen Geschichte begründeten Konflikt im Seminar austrägt – oder in der Leitung blockiert ist. Wichtig ist, einen Teilnehmer nicht für etwas verantwortlich zu machen, das auf die persönliche Thematik des Trainers zurückzuführen ist. Der Teilnehmer darf nicht Sündenbock eigener Unklarheiten, der eigenen Geschichte oder eigener Probleme werden. Die Gefahr besteht dann, wenn der Trainer z. B. dazu tendiert, eigene Unsicherheiten in die Gruppe hineinzuprojizieren, also die Umwelt für etwas verantwortlich zu machen, was in ihm selbst begründet liegt. Um Projektionen* zu vermeiden, muss sich der Trainer selbst gut kennen und erfassen, wann er ein eigenes Thema am Wickel hat. Je besser ein Trainer seine eigenen Fallen kennt, desto reflektierter kann er sein, und desto weniger wird er durch Teilnehmer, Situationen oder Unwägbarkeiten blockiert. Hierzu bedarf es der Supervision*, der Therapie oder des Coachings*. In einem solchen Rahmen ist es möglich, die eigenen Kerben zu erforschen und damit verbundene typische Konfliktauslöser, eigene Konfliktgeschichten und Verhaltensweisen zu erkennen.

Gibt es beispielsweise ein tief sitzendes Harmoniebedürfnis und Angst vor Konflikten, welche sich in langjährig trainiertem beschwichtigenden Verständnis äußert? Ist damit eine Hemmung vor konfrontativen Äußerungen verbunden? Oder eine Tendenz, alles positiv zu sehen: «Wahrscheinlich hat er es gar nicht so gemeint!»? Genauso kann es natürlich vorkommen, dass es einer Person ungemein schwer fällt, jemand anderem Recht zu geben.

Gelingt es, dies zu erkennen, kann sich – mit supervisorischer oder therapeutischer Unterstützung – nach und nach die Beschränkung auf ebendiese Gefühle und Verhaltensweisen in Konflikten lösen und eine größere Bandbreite an Reaktionen entwickeln.

◉ 10.10 Arbeitsfähigkeit erhalten: Für sich selbst sorgen

Um schwierige Situationen gut bewältigen zu können, ist es wichtig, für sich selbst zu sorgen. Das heißt z. B., sich der eigenen Bedürfnisse bewusst zu sein und sich selbst als wichtiges Instrument zu begreifen und zu pflegen. Ein Trainer muss auf seine Wahrnehmung vertrauen können, sie ist in vielen Fällen ausschlaggebend und handlungsleitend. Das wiederum kann er nur, wenn er nicht mit eigenen Problemen, eigenen Wunden oder übermäßigem Stressempfinden beschäftigt ist. Supervision und Selbsterfahrung sind eine Möglichkeit, eigene seelische Baustellen zu bearbeiten, Altlasten loszuwerden und die Wahrnehmung zu schärfen.

Ein kompetenter Trainer hat ein gutes Gespür dafür, zu erkennen, wie viel Beziehung und Kontakt bzw. Ruhe und Rückzug er nach den offiziellen Seminarzeiten benötigt. Das Trainerdasein ist eine beziehungsintensive Tätigkeit, die viel Kontakt von ihm verlangt. Die nachfolgend erforderliche Regenerationszeit fällt von Mensch zu Mensch ganz unterschiedlich aus. Jeder einzelne Trainer muss für sich herausfinden, welches Maß für ihn, sein Wohlbefinden und seine Arbeitsfähigkeit gut ist. Das kann zuweilen damit verbunden sein, Teilnehmer vor den Kopf zu stoßen, wenn z. B. das ersehnte lange Gespräch an der Hotelbar ausbleibt.

Es geht also um das rechtzeitige Setzen von Grenzen und Prioritäten. Dies betrifft nicht nur das Ausmaß an Beziehung und Kontakt, sondern auch den Aufwand an Arbeit, an Herausforderung, an Reisen usw. Hier kommen diverse Felder in Betracht. Für sich zu sorgen bedeutet, Aufträge abzulehnen, wenn es zu viele werden oder wenn es nicht die richtigen sind. Es bedeutet auch, sich regelmäßig Zeit für die eigene Regeneration einzuräumen und einen erholsamen Ausgleich zur Arbeit zu schaffen.

Das ist leichter gesagt als getan. Gibt es doch kaum einen Trainer, der nicht viel zu viel um die Ohren hat, der sich nicht tendenziell zu viel in zu kurzer Zeit vornimmt etc. Natürlich gibt es dafür viele wirtschaftliche und andere äußerliche Bedingungen und Erklärungen. In diesem Zusammenhang lohnt sich jedoch auch der Blick auf die innere Seite des Antriebs, z. B. das trainertypische Bedürfnis nach dem gewissen Stresspegel. Und was verbirgt sich dahinter? Wer es sich selbst eingestehen kann, erkennt, dass es häufig um die eigene Bedeutung geht. Seien wir mal ehrlich: Gibt es Trainer ohne zumindest minimaler narzisstischer Tendenz? Erst unter Stress wirklich zu funktionieren, sich wichtig, vital und voller Tatendrang zu fühlen, ist ein häufig verbreitetes Phänomen. Doch tatsächlich speist sich ein Großteil unserer Energie aus dem richtigen Maß an Stress, welches für unsere Glanzleistungen weder unter- noch überschritten werden darf. Bedenklich für die physische und psychische Gesundheit – und damit langfristig auch für die Leistungsfähigkeit – wird es dann, wenn den Stresskontrahenten, nämlich dem Bedürfnis nach Ruhe und Alleinsein, nach Abschalten und Tatenlosigkeit etc., kein Raum mehr gewährt wird. Entsteht hier über einen zu großen Zeitraum eine große Missbalance, macht sich dies in der Regel erst durch kleinere, später durch größere körperliche, emotionale und/oder geistige Ausfälle bemerkbar.

Es kann also nur eindringlich dazu geraten werden, die Kehrseiten der trainertypischen Verhaltensweisen und Anforderungen im Auge zu behalten und für Ausgleich zu sorgen. Jegliche Stressprävention, sei es Entspannung, Bewegung, Genuss o. Ä., kann eine sinnvolle Investition in die eigene Ausgeglichenheit und Arbeitsfähigkeit darstellen.

Für sich selbst zu sorgen heißt ebenfalls, für gute Arbeitsbedingungen Sorge zu tragen. Das kann Rahmenbedingungen betreffen wie z. B. gute Luft, Raumtemperatur, Ruhe, richtiges Licht etc. oder auch zwischenmenschliche Gesichtspunkte wie z. B. den Umgangston. Ausschlaggebend ist, herauszufinden, was Sie benötigen, um sowohl kurz- als auch langfristig gut arbeiten zu können, und für die Umsetzung zu sorgen!

Tipp: Sinnvolles Zeitmanagement betreiben! Das heißt, auch in sich selbst Zeit zu investieren, und kann z. B. bedeuten, einen Bereich, der sehr viel Zeit kostet, an andere zu delegieren oder sogar abzustoßen.

◼ 10.11 Umgang mit dem «Schreck» – Blockaden vermeiden

Oft wird eine Situation als «schwierig» empfunden, weil sie einen Schrecken auslöst.

Eine solche Situation birgt die Gefahr in sich, dass man als Trainer neben sich steht und mit wachsendem Entsetzen erlebt, wie hilflos, ohnmächtig, verwirrt oder blockiert man reagiert. Zu Blockaden kann es kommen, wenn die Situation einen «kalt erwischt», wenn man also völlig unvermittelt mit etwas Unerwartetem oder Unbekanntem konfrontiert wird. Erlebt man eine Situation das erste Mal und kann sich keinen Reim darauf machen, steht das reine Erleben im Vordergrund. Kennt man die befürchtete Situation, ist schon viel gewonnen.

Wir wollen mit unserem Buch den Stier bei den Hörnern packen. Schauen Sie ihn sich genau an – um dann zu erleben, wie man ihn bezwingen kann. In dem Moment, in dem die Entstehung der Situation erkannt und erklärbar wird, ist der Schrecken nicht mehr vorherrschend. Einem Ereignis kann dann in der Regel reaktionsfähig begegnet werden.

Wir hoffen, Ihnen viele Anregungen und Ideen an die Hand gegeben zu haben, den schwierigen Situationen gelassener und reaktionsfähig begegnen zu können. Wenn es uns gelungen ist, dass Sie schwierige Situationen leichter identifizieren, sich besser darauf vorbereiten können, dann hat das Buch seinen Zweck erfüllt. Aber auch, wenn es noch nicht ganz klappt, Sie aber wissen, dass es vielen, sogar routinierten Trainerinnen und Trainern genauso geht, hat es bereits eine Menge bewirkt, nämlich Ermutigung und einen menschlichen Umgang mit sich selbst.

Natürlich vollzieht sich so ein Prozess nicht von heute auf morgen, sondern benötigt Zeit und Erfahrung. Und ganz und gar lassen sich schwierige Situationen auch nicht vermeiden. Aber das Schöne an schwierigen Situationen ist ja, dass sie einen auf das nächste Mal vorbereiten.

11. Glossar

Act-Storming erlebnisaktivierende Methode, angelehnt an die des Brainstormings. In diesem Fall werden die entwickelten (Handlungs-)Alternativen jedoch nicht verbal ausgedrückt und festgehalten, sondern das Verhalten/die Idee wird direkt im Rollenspiel umgesetzt.

Aktives Zuhören auch «Spiegeln» oder «empathisches Zuhören» genannt, ist eine Methode zur Bestandsaufnahme und Erforschung von Gedanken und Gefühlen. Nach Rogers (1977) wiederholt der Therapeut in eigenen Worten und zusammenfassend, was der Klient gesagt und gemeint hat. Neben dem Inhalt werden auch die damit verbundenen – zuvor nicht explizit ausgesprochenen – Gefühle benannt.

Antinomie Widerspruch eines Satzes in sich oder zweier Sätze, von denen jeder Gültigkeit beanspruchen kann.

authentisch/Authentizität echt/Echtheit

Blitzlicht oder Statementrunde; Methode, um ein Meinungsbild in einer Gruppe zu erheben. Der Leiter stellt eine Frage, z. B. zur Stimmung, zu Erwartungen, Problemen etc., und jeder Teilnehmer äußert sich kurz, ohne darüber zu diskutieren.

Du-Botschaft der Sender einer Kommunikation verdeutlicht dem Empfänger durch seine Äußerung, was er von ihm hält, z. B.: «Du bist unzuverlässig/witzig/unverschämt ...» Die Du-Botschaft des Senders enthält also die Sichtweise des anderen; der Sender demonstriert, wie er den Empfänger, seine

Persönlichkeit, seine Grenzen und Möglichkeiten etc. einschätzt.

Empathie Einfühlung. Wesentliche Variable des Therapeutenverhaltens in der Gesprächspsychotherapie.

Globe Begriff aus der themenzentrierten Interaktion (s. u.), der den Kontext bezeichnet (Zeit, Ort, historische, soziale, politische und firmenspezifische Begebenheiten), in dem eine Veranstaltung oder ein Seminar stattfindet.

Inneres Team Modell von Schulz von Thun (1998), das die innere Pluralität als menschliches Wesensmerkmal in den Mittelpunkt stellt. Hiernach weist die menschliche Seele eine innere Gruppendynamik auf, analog zu realen Gruppen und Teams.

Mediation Vermittlung

Metaebene übergeordnete Ebene, kann durch Distanzierung vom aktuellen Geschehen bzw. eine Reflexion darüber erreicht werden

Meta-Kommunikation Kommunikation, in der ein Kommunikationsverhältnis als solches zum Gegenstand eines Informationsaustausches gemacht wird: Kommunikation über einzelne Ausdrücke, Aussagen oder die Kommunikation selbst.

Pandora die erste Frau in der griechischen Mythologie; sie trägt alles Unheil in einem Gefäß, um es auf Zeus' Befehl unter die Menschen zu bringen; die Büchse der Pandora = Unheilsquell

Projektion   das Abbilden von inneren Vorgängen auf äußere Gegebenheiten oder Personen; nach Freud die unbewusste Verlagerung von Triebimpulsen, eigenen Fehlern, Wünschen, Schuld- und ähnlichen Gefühlen auf andere Personen oder Situationen bzw. Gegenstände.

Reframing   einen Sachverhalt oder ein Ereignis aus einer anderen Perspektive betrachten und damit der Gesamtsituation eine neue Bedeutung und Bewertung geben.

Rollentausch   Technik aus der Gruppenpsychotherapie bzw. der Methode des Psychodramas, bei der z. B. Konflikte mit verteilten Rollen in Szene gesetzt werden, um Erlebtes oder Zukünftiges darzustellen und psychologisch aufzuarbeiten.

Setting   Milieu, Umgebung, Situation

Supervision   Überwachung, Anleitung, hier: Seminare oder Individualberatung zur Aufarbeitung und Fallbesprechung für Trainer, Ärzte, Berater, Therapeuten, Psychologen etc. unter Einbeziehung von Selbsterfahrungselementen.

Systemisch   die Zusammenstellung, den Aufbau, die Ordnung einer (Lebens-)Situation – deren System – berücksichtigend.

Themenzentrierte Interaktion (TZI)   bezeichnet ein Verfahren der Gruppenleitung und Gruppenarbeit, bei dem unter Beachtung bestimmter Regeln versucht wird, Thema, Individuum und Gruppe (die häufig konkurrierenden Größen) in Balance zu bringen. Ziel des Verfahrens der TZI ist es u. a., «lebendiges Lernen» durch angstfreie Interaktion zu ermöglichen, R. Cohn (1975).

transaktionales Stressmodell Stressmodell, bei dem die subjektive Bewertung potenzieller Stressoren das Stresserleben entscheidend beeinflusst. Vertiefung siehe Kaluza (1996).

Übertragung Theorie in der Psychoanalyse, nach welcher der Patient gefühlsbetonte Widerstände auf den Therapeuten überträgt und der Fortgang der Analyse gehemmt wird. Allgem.: die Wahrnehmung oder Interpretation gegenwärtiger Situationen unter dem Einfluss früherer Erfahrungen.

Wertequadrat der Grundgedanke des Wertequadrates wird ausführlich in der Einleitung S. 16 beschrieben.

12. Literatur

Kommunikationspsychologie und -theorie

Cohn, Ruth C.: Von der Psychoanalyse zur themenzentrierten Interaktion; Klett-Cotta: Stuttgart 1997

Helwig, Paul: Charakterologie; Klett: Stuttgart 1967

Kriz, Jürgen: Grundkonzepte der Psychotherapie; aus Dorsch, Psychologisches Wörterbuch; Beltz: Weinheim 1994

Retter, Hein: Studienbuch Pädagogische Kommunikation; Klinkhardt: Bad Heilbrunn 2000

Rüttinger, Rolf; Kruppa, Reinhold: Übungen zur Transaktionsanalyse; Windmühle: Hamburg 2001

Schlegel, Leonhard: Die Transaktionale Analyse; UTB: Stuttgart 1995

Schulz von Thun, Friedemann: Miteinander reden 1. Störungen und Klärungen; Rowohlt: Reinbek bei Hamburg 1981

Schulz von Thun, Friedemann: Miteinander reden 2. Stile, Werte und Persönlichkeitsentwicklung; Rowohlt: Reinbek bei Hamburg 1989

Schulz von Thun, Friedemann: Miteinander reden 3. Das «Innere Team» und situationsgerechte Kommunikation; Rowohlt: Reinbek bei Hamburg 1998

Schulz von Thun, Friedemann; Ruppel, Johannes; Stratmann, Roswitha: Miteinander reden: Kommunikationspsychologie für Führungskräfte; Rowohlt: Reinbek bei Hamburg 2000

Schulz von Thun, Friedemann: Vom Umgang mit schwierigen Teilnehmern. Unveröffentlichtes Manuskript: Universität Hamburg 1993

Wagner-Link, Angelika: Kommunikation als Verhaltenstraining. Arbeitsbuch für Therapeuten, Trainer und zum Selbsttraining; Klett-Cotta: Stuttgart 2001

Watzlawick, Paul; Beaven, Janet H.; Jackson, Don D.: Menschliche Kommunikation. Formen, Störungen, Paradoxien; Huber: Bern 2000

Gruppendynamik

Cohn, Ruth C.: Von der Psychoanalyse zur themenzentrierten Interaktion; Klett-Cotta: Stuttgart 1997

Langmaack, Barbara; Braune-Krickau, Michael: Wie die Gruppe laufen lernt. Anregungen zum Planen und Leiten von Gruppen; Beltz: Weinheim 2000

Langmaack, Barbara: Einführung in die Themenzentrierte Interaktion TZI. Leben rund ums Dreieck; Beltz: Weinheim 2001

Stahl, Eberhard: Dynamik in Gruppen. Handbuch der Gruppenleitung; Beltz: Weinheim 2002

Konfliktmanagement

Besemer, Christoph: Mediation. Vermittlung in Konflikten; Stiftung Gewaltfreies Leben: Baden 1997

Fisher, Roger; Ury, William; Patton, Bruce: Das Harvard Konzept. Sachgerecht verhandeln, erfolgreich verhandeln; Campus: Frankfurt am Main 2000

Redlich, Alexander: KonfliktModeration. Handlungsstrategien für alle, die mit Gruppen arbeiten. Mit vier Fallbeispielen; Band 2 der Reihe «Moderation in der Praxis»; Windmühle: Hamburg 1997

Redlich, Alexander; Elling, Jens A.: Potential : Konflikte. Ein Seminarkonzept zur KonfliktModeration und Mediation für Seminarleiter, Trainer und Lerngruppen. Mit Übungsmaterial und 10 Fallbeispielen; Band 7 der Reihe «Moderation in der Praxis»; Windmühle: Hamburg 2000

Thomann, Christoph; Schulz von Thun, Friedemann: Klärungshilfe. Handbuch für Klärungshelfer, Therapeuten und Moderatoren in schwierigen Gesprächen; Rowohlt: Reinbek bei Hamburg 1988

Thomann, Christoph: Klärungshilfe: Konflikte im Beruf. Methoden und Modelle klärender Gespräche bei gestörter Zusammenarbeit; Rowohlt: Reinbek bei Hamburg 1998

Fisher, Roger; Ury, William; Patton, Bruce: Das Harvard Konzept: Sachgerecht verhandeln – erfolgreich verhandeln; Campus, Frankfurt am Main 2000

Besemer, Christoph: Mediation, Vermittlung in Konflikten; Stiftung Gewaltfreies Leben: Baden 1997

Konstruktiv lehren

Antons, Klaus: Praxis der Gruppendynamik. Übungen und Techniken; Hogrefe: Göttingen, Bern, Toronto, Seattle 2000

Bamberger, Günther G.: Lösungsorientierte Beratung; Beltz: Weinheim 2001

Benien, Karl: Beratung in Aktion. Erlebnisaktivierende Methoden im Kommunikationstraining; Windmühle: Hamburg 2002

Besser, Ralf: Transfer: Damit Seminare Früchte tragen. Strategien, Übungen und Methoden, die eine konkrete Umsetzung in die Praxis sichern; Beltz: Weinheim 2001

Brenner, I.; Clausing, M.; Kura, M. u. a.: Das Pädagogische Rollenspiel in der betrieblichen Praxis. Konflikte bearbeiten; Windmühle: Hamburg 1996

Fischer-Epe, Maren: Coaching: Miteinander Ziele erreichen; Rowohlt: Reinbek 2002

Heckmair, Bernd: Konstruktiv lernen. Projekte und Szenarien

für erlebnisintensive Seminare und Workshops; Beltz: Weinheim 2000

Kalnins, Monika; Röschmann, Doris: Icebreaker. Wege bahnen für Lernprozesse. Ein Logbuch für Trainer; Windmühle: Hamburg 2001

Kohl, Karl: Seminar für Trainer. Das situative Lehrtraining. Trainer lernen lehren; Windmühle: Hamburg 1996

Lipp, Ulrich; Will, Hermann: Das große Workshop-Buch. Konzeption, Inszenierung und Moderation von Klausuren, Besprechungen und Seminaren; Beltz: Weinheim 2000

Meinhardt, Karin; Weber, Hermann: Erfolg durch Coaching. Führung im 21. Jahrhundert; Windmühle: Hamburg 2001

Schulz von Thun, Friedemann: Praxisberatung in Gruppen. Erlebnisaktivierende Methoden mit 20 Fallbeispielen zum Selbsttraining für Trainerinnen und Trainer, Supervisoren und Coaches; Beltz: Weinheim 1996

Weidenmann, Bernd: Erfolgreiche Kurse und Seminare. Professionelles Lernen mit Erwachsenen; Beltz: Weinheim 1995

Moderieren und Präsentieren

Klebert, Karin; Schrader, Einhard; Straub, Walter G.: ModerationsMethode. Das Standardwerk; Windmühle: Hamburg 2002

Klebert, Karin; Schrader, Einhard; Straub, Walter G.: KurzModeration. Anwendung der ModerationsMethode in Betrieb, Schule und Hochschule, Kirche und Politik, Sozialbereich und Familie, bei Besprechungen und Präsentationen; Windmühle: Hamburg 1998

Schnelle-Cölln, Telse; Schnelle, Eberhard: Visualisieren in der Moderation. Eine praktische Anleitung für Gruppenarbeit und Präsentation; Windmühle: Hamburg 1998

Schrader, Einhard (Hrsg.): Reihe Moderation in der Praxis. Anwendung der ModerationsMethode in der Praxis, 8 Bände; Windmühle: Hamburg

Seifert, Josef W.: Visualisieren, Präsentieren, Moderieren; Gabal: Offenbach 2000

Stressbewältigung

Cameron, Julia: Der Weg des Künstlers. Ein spiritueller Pfad zur Aktivierung unserer Kreativität; Knaur: München 1996

Kaluza, Gerd: Gelassen und sicher im Stress; Springer: Berlin, Heidelberg, New York 1996

Schelp, Theo; Maluck, Doris; Gravemeier, Ralf: Rational-emotive Therapie als Gruppentraining gegen Stress. Seminarkonzepte und Materialien; Huber: Bern 1996

Tausch, Reinhard: Hilfen bei Stress und Belastung; Rowohlt: Reinbek bei Hamburg 1989

Vienne, Veronique: Die Kunst, nichts zu tun. Einfache Wege, wieder Zeit für sich selbst zu finden; Scherz: München 2000

Vopel, Klaus W.: Zwischen Himmel und Erde. Phantasiereisen für Sucher; Iskopress: Salzhausen 2001

Wagner-Link, Angelika: Aktive Entspannung und Stressbewältigung. Wirksame Methoden für Vielbeschäftigte; Expert: Renningen 1996

Veränderungsmanagement

Straub, W. G.; Forchhammer, L.; Brachinger-Franke, L.: Bereit zur Veränderung. Umwege der Projektarbeit; Windmühle: Hamburg 2001

Doppler, Klaus; Lauterburg, Christoph: Change Management.

Den Unternehmenswandel gestalten; Campus: Frankfurt am Main, New York 2002

Doppler, K.; Fuhrmann H. u. a.: Unternehmenswandel gegen Widerstände. Change Management mit den Menschen; Campus: Frankfurt am Main, New York 2002

Edding, Cornelia: Agenten des Wandels. Der Kampf um Veränderung im Unternehmen; Gerling Akademie: München 2000

Holman, Peggy; Devane, Tom: Change Handbook. Zukunftsorientierte Großgruppen Interventionen; Carl-Auer-Systeme: Heidelberg 2002

Krüger, Wilfried: Excellence in Change; Gabler: Wiesbaden 2002

Danksagung

Das Kernstück dieses Buches besteht aus den Erfahrungsberichten von 25 Trainern. Ihre schwierigen Situationen, was sie in dem Moment gefühlt und gedacht haben, wie sie das Geschehen bewerteten und wie sie damit umgegangen sind, haben wesentlich zu diesem Buch beigetragen. An dieser Stelle möchten wir uns noch einmal herzlich bei ihnen für ihre Zeit, ihre Offenheit und ihre Bereitschaft, Erfahrungen zu teilen, bedanken!

Des Weiteren gilt unser Dank den Trainern und Studierenden, die sich mit großer Experimentierfreude an dem Workshop «Schwierige Seminarsituationen» beteiligt haben. Das hier gesammelte Material war eine weitere wichtige Quelle bei der Überarbeitung und Ergänzung des Buches.

Von großer Bedeutung war und ist auch Friedemann Schulz von Thun, mit dessen Idee zu unserer Diplomarbeit alles begann und dessen Modelle und Grundhaltung sowohl unsere Trainertätigkeit als auch dieses Buch geprägt haben.

Und natürlich und vor allem möchten wir uns bei Alexander Redlich bedanken. Er hat uns zu diesem Buch veranlasst und motiviert, uns in der Arbeit begleitet, immer wieder konstruktiv herausgefordert und fachlich unterstützt. Ohne ihn wäre dieses Buch nicht entstanden!

Abschließend möchten wir uns auch bei unseren Partnern, Freunden und Familien bedanken, die in unseren Schreibphasen mit Geduld, Unterstützung und viel Verständnis für unsere eingeschränkte Zeit und Aufmerksamkeit reagiert haben.

Marion Bönsch und Kathrin Zach
Hamburg 2006

Zu den Autorinnen

Marion Bönsch

Diplompsychologin. 1972 in Bielefeld geboren. Ausbildung zur Bankkauffrau, Studium der Psychologie in Berlin, Amsterdam und Hamburg. Seit 1997 auf dem Gebiet der Personalentwicklung, u. a. als Leiterin PE und Ausbildung, tätig. Erfahrungen im Bereich Konfliktmoderation, Change Management, Begleitung von Veränderungsprozessen im Rahmen von Fusionen. Fortbildung im Bereich Systemorientiertes Coaching. Seit 2002 Personalleitung in einem weltweit operierenden Industrieunternehmen.

E-Mail: marion.boensch@gmx.de

Kathrin Zach, geb. Poplutz

Diplompsychologin. 1974 in Hamburg geboren, in Deutschland, England und Amerika aufgewachsen. Studium der Psychologie und Personalwirtschaftslehre in Hamburg. Fortbildung in Konflikt-Klärungshilfe und Hypnotherapie sowie Grundausbildung in Gestalttherapie. Von 1998 bis 2005 Mitarbeiterin von Prof. Schulz von Thun an der Universität Hamburg. Seit 1999 als freiberufliche Trainerin in Wirtschaft und sozialen Bereichen international tätig.

E-Mail: mail@kathrin-zach.de

**Christoph Thomann/
Friedemann Schulz von Thun
Klärungshilfe 1**
rororo 61467
**Klärungshilfe 2
Konflikte im Beruf**
rororo 61637

**Maren Fischer-Epe
Coaching:
Miteinander Ziele erreichen**
rororo 61954

Miteinander reden: Praxis
Herausgegeben von Friedemann Schulz von Thun

**Dagmar Kumbier/
Friedemann Schulz von Thun (Hg.)
Interkulturelle Kommunikation:
Methoden, Modelle, Beispiele**
rororo 62096

**Dagmar Kumbier
Sie sagt, er sagt
Kommunikationspsychologie
für Partnerschaft, Familie
und Beruf**
rororo 61698

**Karl Benien
Schwierige Gespräche führen**
rororo 61477

**M. Winkler/A. Commichau
Reden**
rororo 61944

**Kim-Oliver Tietze
Kollegiale Beratung**
rororo 61544

**M. Bönsch/K. Poplutz
Seminarkrisen meistern**
rororo 62163

S 39/3